開業とプロのための

カフェ材料図鑑

フード　ドリンク　スイーツ

109 レシピ掲載！

カフェズ・キッチン
富田佐奈栄

はじめに

1996年にカフェ開業スクール『カフェズ・キッチン』を設立以来、これまでに330店を超える卒業生の開業をサポートしてきました。そうした経験から改めて感じるのは、カフェオーナーが抱える一番の悩みは、開業前も後も「メニューについて」だということです。

カフェ開業を目指す方の中には、飲食業の未経験者も多数います。そうした方々は、まず提供メニューを決める"開業の第一歩"で壁にぶつかります。店はお客様へおいしいフードやドリンク、心地よいサービスや環境を提供してお金をいただくことで、初めて経営が成り立つもの。開業する前にしっかりメニュー計画を立て、プロとしてお金をいただけるだけの魅力があるメニューを開発しなければなりません。しかし、多くの方はお店の売りとなるメニューをなかなかつくれず、スタートする前から悩んでしまうのです。

また、カフェを開業した後も、メニューに関する悩みは尽きません。「売り上げアップのため、マンネリ化を打破する新メニューを開発したいけれど時間がない」「人手やスペースが足りず、手間ひまかけて手づくりすることに限界を感じている」など。開業後も客数や客単価アップにつながるヒットメニューの開発に、みなさん悪戦苦闘しているのです。

そうした悩みを持つ開業予定者や現役カフェオーナーにぜひ注目していただき

たいのが、業務用の食材や調理機器です。業務用の食材や調理機器は、手早くプロレベルのメニューがつくれるよう考えられています。業務用の調理機器も便利で省力化に役立ち、家庭用に比べて耐久性にも優れています。メニュー開発のヒントをくれるだけでなく、仕込み時間の短縮や食材ロスの防止など、様々な面でカフェオーナーを手助けしてくれるのです。調理を効率化させた分、盛りつけに凝ったり接客に力を注いだりすれば、お客様の満足度も高まり、売り上げや客数アップにつながることでしょう。「業務用食材や調理機器は個人店で使いにくい」と思い込んでいる方もいるでしょうが、今は小ロットで購入できる食材や省スペース型の機器も数多く揃っており、小さな個人カフェでも有効に活用できます。

業務用の食材や調理機器は、いわばカフェ経営を陰で支えてくれる強力なサポーター。店のオリジナリティを大切にしながら、こうした材料を上手に活用して、メニューに関する悩みを解決していきましょう。

本書はカフェで使いやすい食材や調理機器の情報をカタログ形式にまとめた、初めてのカフェ専門材料図鑑です。カテゴリーごとに分けて解説するとともに、各材料を活用した参考レシピも紹介しています。店の規模にかかわらず、すべてのカフェに役立てていただけると思います。

あなたの店に合った材料を見つけ、独自のヒットメニューを数多く考案されることを心から願っております。

2019年7月
佐奈栄学園 カフェズ・キッチン 富田佐奈栄

Contents

食材紹介

- 010 クインビーガーデン「チョコレートクッキー・シロップ」
- 010 モナン「チョコレートクッキー・シロップ」
- 011 岡林農園「ぶんたんシロップ」
- 011 唐芋農場「あめんどろスイートポテトシロップ」
- 012 サンデン商事「ケベック メープルシロップ」「ケベック メープルシュガー」
- 012 サンデン商事「テイラー&カレッジ バニラビーンズペースト」
- 013 サンデン商事「テイラー&カレッジ ナチュラルフレーバーペースト」
- 013 ハーシー「チョコレートシロップ」「キャラメルシロップ」
- 014 モナン「ラティスト キャラメル・ソース」「ラティスト ココア・ソース」
- 014 山眞産業花びら舎「生ミント・プラス」
- 015 山眞産業「さくらホイップ」
- 015 日世「ブーケサブレ」
- 016 トラーニ「チョコレート モカソース」
- 016 エスビー食品「セレクトスパイス」燻製塩こしょう/ケイジャンシーズニング
- 017 ハナマルキ「クレープ」
- 017 かんじゃ山椒園「手摘み臼挽き 粉山椒」「山椒水煮」
- 018 GABAN®「グルメミル 高知県産・仁淀川山椒入 14g瓶」
- 018 日清フーズ
- 019 ニューオークボ「生パスタ」
- 019 ラ・スフォリーナ「冷凍詰め物パスタ」
- 020 讃陽食品工業「S=Oライブオリーブ」
- 020 アキタフーズ「きよらグルメ仕立て」「ほめたま」
- 021 カネク「シャキシャキわさび」
- 021 ワキュウトレーディング「マッシュルーム スプレッド」「ベジタス フリルレタス」
- 022 ニダフジャパン「マカデミアピュアオイル」
- 022 雪印メグミルク「クリームチーズ」
- 023 丸源飲料工業
- 023 ハーダースTUF ホワイトチーズソース」「ハーダースTUF チーズソース」
- 024 マスコット「印度の味 カレーペースト 中辛」
- 024 富士食品工業「タイ料理の素」
- 025 李錦記「合わせ調味料シリーズ」
- 025 あみ印食品工業「冷し中華スープ」
- 025 ハインツ日本「バーボンBBQソース」
- 026 キユーピー「具沢山ドレッシング オニオン」
- 026 キユーピー「具沢山ドレッシング 黒胡椒」
- 027 日本製粉「業務用パエリアの素」
- 027 ヤマサ醤油「ヤマサ デザートベース」
- 028 サントリーフーズ「プルコ レモン」「プルコ ライム」
- 028 カゴメ「濃縮飲料 にんじん・オレンジミックス（3倍濃縮）業務用」
- 029 味の素AGF「AGF® プロフェッショナル」【濃いめ】緑茶 2L用
- 029 ユウキ食品
- 030 ミズーラ「全粒粉ビスケット」「全粒粉ラスク」
- 030 日本ケロッグ「グラノラ」
- 031 ギラデリ「バニラ フレーバー パウダー」
- 031 マルイ物産 FOOD BOAT® 「TAPICO」
- 032 新田ゼラチン「ふわあわ EG」
- 032 アイスライン「雪氷（ゆきごおり）」
- 033 林原「トレハ®」
- 033 筑波乳業「濃いアーモンドミルク～ほんのり黒糖入り～」
- 034 不二製油「チーズのような豆乳クリーム 大豆舞珠（まめまーじゅ）」
- 034 日穀製粉「ガレットミックス粉」
- 035 吉原食糧「ぎゅっとポリフェ」
- 035 M-INDUSTRY Japan スイスデリス「ロスティ」

食材編 レシピ紹介

- 038 ほっとアー乳のチョコレートクッキーショコラ
- 040 甘酒のパンナコッタ エスプレッソ チョコレートクッキーホイップがけ
- 042 ぶんたんチーズクリームケーキ
- 044 食物繊維たっぷり チアシード&ラズベリートマト
- 046 おいもとフルーツのホットデザート
- 048 コーヒーしっとりチーズケーキ メープル&アーモンドミルクソース
- 050 アーモンドミルクのフルーツコンポートパウンドケーキ
- 052 バニラのフルーツコンポートパウンドケーキ
- 054 ライスクリスピートリーツ（レモン・ココナッツ）
- 056 レモンジンジャーのアンチエイジングショートブレッド
- 058 プチシュータワー
- 060 ドーナッツサンド
- 062 ビーツラテ～キャラメル・ソース～

004

064	ハッピーバースデープレート～ココア・ソース～
066	ふわふわミントブルーパフェ
068	チョコミントシェイク
070	桜&ホワイトチョコ
072	桜ブーケパフェ
074	キラキラ・ブーケソフトクリーム
076	フルーツ・ブーケソフトクリーム
078	チョコレート フレンチトースト
080	バゲットグラタン燻製風味
082	豚肉のケイジャンカフェ丼
084	クレープピンチョス 2種
086	ふわふわアーモンドミルク山椒プリン
088	仁淀川山椒&マンゴーのレアチーズケーキ
090	じゃがいもとタラコのとろとろペンネグラタン
092	エッグベネディクト風ペンネのパウンドケーキプレート
094	バジルとトマトの冷たいサラダパスタ
096	コラーゲンたっぷり冷たいサラダパスタ
098	ポルチーニ茸のトルテッリと豚肉のクリーム煮
100	たまご&オリーブのサンドイッチ
102	大人のコクまろミルクセーキ
104	わさびマドレーヌのサンドイッチ
106	マッシュルームのビスコッティ
108	山盛りマッシュルームのポタージュスープ
110	ギガマッシュルームのポテトグラタン
112	ポップオーバーのカフェ風チーズグラタン
114	シーザーサラダ風カンパーニュサンド にんじんのマリネサラダ添え
116	海老とクリーミーチーズカフェ風うどん
118	ふわふわシフォン de マカダミア
120	カフェ風ドライカレーマフィン
122	さっぱりスムージー マカデミーア
124	1食分のお野菜がとれるカフェ風カレーライス
126	Wチーズケーキ Wトマトのデザートプレート
128	アーモンドミルクココ・グリーンカレープレート
130	なすとかぼちゃの麻婆ピッツァ
132	冷やし中華風ぶっかけカフェ素麺
134	バーボンバーベキューチキンピッツァ
136	簡単！パンツァネッラ
138	さっぱり爽やかサラダ麺
140	鶏肉と大根のパエリアグラタン
142	きなこミルクのアジアンパフェ
144	レモンマシュマロタルト
146	ライム&きゅうりのカクテルティー
148	ポンデケージョのお野菜フレンチトースト
150	ライスクリスピートリーツ（緑茶&マンゴー、ほうじ茶&クランベリー）
152	バナナと緑茶のシリアルスムージー
154	有機ジンジャーソーダゼリーティー
156	ライムクリームのティラミス
158	タルトタタン風
160	いちごのシリアルティラミス ほろ苦コーヒーがけ
162	いちじくバニラスムージー
164	フラワーポット・タピコ
166	ふわふわドリンク
168	ふわふわイチゴフラッペ
170	たっぷり玉ねぎとチキンのガーリックバターのカフェプレート（たっぷり玉ねぎとチキンのガーリックバター、かぼちゃのチーズサラダ、トマトのスクランブルエッグ、サニーレタス、パセリごはん）
172	コーヒー&バナナのアーモンドミルクのシリアルスムージー
174	まめクロックムッシュ&クロックマダム
176	カツレツガレット
178	あずきのシフォンケーキ
180	お野菜キッシュ
182	ロスティ・フォカッチャサンド

食材編 NEWレシピ

186	わつなぎ サントリーフーズ
187	柚子蜜ソーダ
188	ジンジャーみかんソーダ
189	すだち&トマトの朝食パフェ
190	抹茶&クランベリーのふわふわマフィン
191	豚肉のカラメルコクだれバーガー
192	ヨーガ スッコ・ディ・ペスカ（ピーチ）モンテ物産
193	スッコ・ディ・ペスカのティーソーダ

機器紹介

- 194 グラノーラコーン 日世
- 195 キーマカレー風
- 196 ごほうび果樹園 日世
- 197 キウイ&アイスレモネード
- 198 チョコレートドリンク 丸源飲料工業
- 199 オレンジシナモンのチョコプリン
- 200 モナジュエル 丸源飲料工業
- 201 レインボージュエル
- 202 モナン フルーツミックス 日仏貿易
- 203 シナモンコーヒー&レッドグレープフルーツ
- 204 キンモクセイのアイスティー&レッドグレープフルーツ
- 205 コラム1 食材の探し方と上手な使い方
- 208 エフアンドビー「ワッフルベーカー」
- 208 キーコーヒー「Noi クリスタルドリッパー」
- 209 中部コーポレーション「カップブレンダー」
- 209 日世 ソフトサーバー NA-9524AE「スリムギア」
- 210 PRINCESS®「フードドライヤー」
- 210 日本ニーダー「業務用パンニーダー」
- 211 タイガー魔法瓶「電気式コンパクトピッツァ窯」
- 211 VERMICULAR「オーブンポットラウンド」
- 212 エス・シー・テクノ「マルチシェフ フードプロセッサー」
- 212 エス・シー・テクノ「マルチシェフ ブレンダー」
- 213 サンテックコーポレーション「ワッフルベーカー」
- 213 日本ニーダー「フードドライヤー」
- 214 「ホットスナッカー」「ビッグホットサンドメーカー」サンテックコーポレーション
- 新感覚！泡立ちコーヒー 富田先生が「COLD CREMA」の魅力を体験

機器編 レシピ紹介

- 216 アメリカンワッフル&グアバソース
- 218 えびカツワッフルサンド
- 220 氷温熟成珈琲 アイスコーヒー&チアシード
- 222 氷温熟成珈琲 アイスコーヒービーンズ・濃厚オレ
- 224 リコピン・フローズン

機器編 NEWレシピ

- 254 Hatsuyuki マルチスライサー HD70AA 中部コーポレーション
- 255 マンゴー&ココナッツ
- 256 いちごミルク
- 257 白玉ミルク抹茶
- 258 あんキューブ・カレーキューブ
- 259 BLT 風キューブサンド
- 260 業務用洗えてたためる発酵器 PF203 日本ニーダー
- 261 業務用パンニーダー PK2025 plus 日本ニーダー
- 262 コラム2 メニュー基準表をつくりましょう

- 226 ストレス解消・フローズン
- 227 疲労回復・フローズン
- 228 焦がしキャラメル生ミルクソフトクリーム
- 230 ズッキーニとオリーブのスコーン&パプリカポタージュ
- 232 フルーツサンド&ブルーベリーとライスミルクのシリアルスムージー
- 234 ハイブリッドスイーツ「クロワッサンドーナッツ」
- 236 ニューヨーク発「スライダー」
- 238 お花畑ピッツァ
- 240 パーティーピッツァ（プチフール風）
- 242 クリーミー煮込みパスタ
- 244 カラフルピーマンマリネのパスタサラダパフェ
- 246 にんじんのレアチーズケーキ
- 248 緑茶ゼリーと白玉のワッフルロールケーキ
- 250 ハムロールチーズサンド

本書をお読みになる前に

- 本書は月刊誌「CAFERES」（小社刊）2012年8月号～2019年7月号で掲載した記事を加筆・訂正し、再編集したものです。
- 材料の軽量単位は大さじ1杯=15ml、小さじ1杯=5ml、1ml=1ccです。適量とあるものは、お好みの分量をお使いください。
- 作り方の中にある加熱時間、加熱温度などは、作り方で使用している機器での設定を表したものです。カフェズ・キッチンで使用している機器では、設定が異なる場合があります。
- 作り方の説明では、原則としてフルーツや野菜の下処理（洗う、皮をむく、ヘタを取るなど）は省いています。

006

・IQF・
Individual・Quick・Frozen
Menu Variety

茹で時間 約30秒

IQFペンネ（ディ・チェコ）
「ディ・チェコ」原麺を使用した、食べごたえのある食感！

DE CECCO

こんがりきつね色
シーフードのあつあつグラタン

田舎風あったかスープ
ごろごろ野菜とソーセージのポトフ

調理例　調理例

IQF（バラ凍結）ディ・チェコ No.41 ペンネ リガーテ

IQF 生パスタ
「生パスタ」ならではのモチモチなめらかな食感！

野菜とトマトの人気スープ
ミネストローネのスープパスタ

調理例

IQF（バラ凍結）生パスタ フィジリ

新鮮野菜のバスケット
色とりどりの菜園風パスタサラダ

調理例

IQF（バラ凍結）生パスタ サラダマカロニ

日清フーズ株式会社

業務用営業部 〒103-8544東京都中央区日本橋小網町19番12号　TEL.03-5641-8115　http://www.nisshin-foods.co.jp/gyoumuyou/

AGF® Professional

私たちAGF®は外食産業に携わる「プロフェッショナル」のパートナーとして、生活者ニーズを捉え、ユーザー様の使い勝手に合わせた"プロ品質"の商品の提供と幅広いソリューションをご提案いたします。
AGF® Professionalは「すべてのプロフェッショナル」とともに、「消費者満足の向上」と「社会的価値の創出」の実現をお約束するブランドです。

商品の特長

- 計量済み・マシン不要で、誰でも簡単プロの味
- バラエティ豊かな味わい
- 軽量・省スペースで配送・持ち運びやすさ向上
- 省ゴミ・省手間・省スペース・原料ロスの低減を実現
- 水にもサッと溶けて、誰でも簡単にドリンクができる
- AGF®のアロマカプセル化技術※で本格的で、豊かな香り
- パウダーだからソフトドリンクもアルコールメニューも思いのまま、メニューバラエティが広がる

※フルーツティー、マンゴー、アセロラに使用しています。

◎詳しくは https://www.agf.co.jp/agfprofessional/
◎商品に関するお問い合わせ：味の素AGF株式会社　外食・オフィス部　03-5365-8593

【濃いめ】緑茶
2L用 10本入

【濃いめ】烏龍茶
2L用 10本入

ジャスミン茶
1L用 10本入

ほうじ茶
1L用 10本入

むぎ茶
1L用 10本入

紅茶
1L用 10本入

インスタントコーヒー
1L用 10本入

アップルティー
1L用 10本入

ピーチティー
1L用 10本入

マスカットティー
1L用 10本入

アルフォンソマンゴー
1L用 6袋入

アセロラ1日分のビタミンC
1L用 6袋入

水分補給応援甘レモン風味
1L用 10本入

プレミアム珈琲
1杯用 50本入

プレミアム紅茶
1杯用 50本入

特上煎茶
1杯用 50本入

リッチカフェオレ
1杯用 50本入

リッチ抹茶オレ
1杯用 50本入

ピーチティー
1杯用 50本入

マスカットティー
1杯用 50本入

おすすめ

食材紹介

モナン
「チョコレートクッキー・シロップ」

フレーバーシロップを何種類か揃えて、コーヒーの香りづけに使っているカフェも少なくない。フランスの老舗ブランドMONIN（モナン）のシロップは80種類以上もあり、「ナッツ＆ドルチェシリーズ」という、お菓子やコーヒーをテーマにしたシロップも販売。今回おすすめのチョコレートクッキー・シロップもその一つで、バター香るダークチョコレートビスケットの味わいがするユニークなシロップだ。目先の変わったフレーバーシロップをココアやデザートに活用すれば、手軽にメニューの幅を広げることができる。

日仏貿易
TEL 0120-003-092

→ レシピは P.038 / P.040

岡林農園
「ぶんたんシロップ」

高知県越知町にある岡林農園は、土佐文旦やゆずなどを生産するほか、シロップやジャム、ジュレといった多彩な加工品を手がけている。生産から加工、販売まで一貫して自社で行われており、トレーサビリティが明確なので安心感がある。ぶんたんは高知の名産品の一つで、目新しさもあり、メニューの名前に加えると差別化につながる。上品な酸味やほろ苦さを活かした「ぶんたんシロップ」を使えば、メニューにさわやかな風味や香りを手軽に添えることができる。

岡林農園
TEL 0889-27-2205

→ レシピは P.042

010

唐芋農場
「あめんどろ
スヰートポテトシロップ」

「あめんどろ」は鹿児島県南さつま半島伝統の、さつまいもの芋蜜のこと。この芋蜜を100％さつまいもだけで作ったのが、「あめんどろスヰートポテトシロップ」だ。研究機関の成分分析で、高い抗酸化力や食物繊維含量の多さなどが明らかになり、ヘルシー食品のお墨付きをもらっている。日本産のナチュラルシロップとして、海外のパティシエからも注目されているという。はちみつやメープルシロップよりも自然な甘さがつき、味わいに奥行きも出るのでおすすめ。

唐芋農場
TEL 050-3786-4132

→ レシピは P.044 / P.046

薩摩芋蜜

紫芋蜜

安納芋蜜

クインビーガーデン
「ケベック メープルシロップ」
「ケベック メープルシュガー」

カナダ・ケベック州地域で採取したかえでの樹液だけで作られている、無添加のメープルシロップとメープルシュガー。ナチュラルな甘さで、クセが少なく後味もすっきり。醤油や味噌など和の調味料とも相性がよく、肉の臭みを消して素材を引き立てるなど、様々な効果がある。パンケーキにかけるだけでなく、スイーツやドリンクに混ぜたり、料理の隠し味に活用したり。砂糖と置き換えて使い、新しいおいしさを見つけてみてもよい。

クインビーガーデン
TEL 03-6228-4183

→ レシピは P.048

ケベック
メープルシロップ
470g

ケベック
メープルシロップ
(Grade A アンバー/
ダーク/ベリーダーク)
1.2kg

ケベック
メープルシュガー
(パウダー/顆粒/デコレーション)
2kg

サンデン商事
「テイラー＆カレッジ
　バニラビーンズペースト」

バニラビーンズを使えば本格的な香りが出せるが、高価なのが難点。バニラビーンズをペースト状にした、サンデン商事の「テイラー＆カレッジ　バニラビーンズペースト」なら、価格も手頃で香りもよく、カフェにおすすめ。さやから種をしごく手間がいらず、スプーンですくってさっと使える。常温で保存がきくのもポイント。冷たいデザートから焼き菓子まで、どんなスイーツにも使え、メニューをワンランクアップさせるアイテムとして取り入れてみてもよい。

サンデン商事
TEL 03-3440-6051

→ レシピは P.050 / P.052

ココナッツ

レモン

サンデン商事
「テイラー＆カレッジ
　ナチュラルフレーバーペースト」

「ナチュラルフレーバーペースト」は、天然素材から抽出した香り成分で作られる、ペースト状の香料。水溶性のエッセンスは加熱で香りが飛んでしまいがちだが、これは加熱しても香りが飛びにくく、特に焼き菓子におすすめ。自然な香りがつけられ、チューブ容器なので計量しやすいのも利点。今回使用した2種類のほかに、アーモンド、ペパーミント、ラベンダー、バニラと全部で6種類あり、スイーツはもちろん、フードやドリンクの香りづけにも重宝しそうだ。

サンデン商事
TEL 03-3440-6051

→ レシピは P.054 / P.056

012

ハーシー
「チョコレートシロップ」
「キャラメルシロップ」

アメリカの有名チョコレートブランド・ハーシーが、今年5月に「チョコレートシロップ」と「キャラメルシロップ」をリニューアル発売。スイーツメニューに欠かせない「チョコレートシロップ」は、リッチなカカオ感が楽しめる定番のロングセラー商品。「キャラメルシロップ」は、リニューアルでより一層なめらかさが増し、なじみがよくなって使いやすさがアップした。いずれのシロップも、ドリンクのベースからスイーツのトッピングまで幅広く利用できる"汎用性の高さ"に注目。ラベルデザインも一新し、手頃な価格で各623gの大容量を実現して、惜しみなく使えるお値打ち感も特徴としている。

リードオフジャパン
TEL 03-5464-8170

→ レシピは P.058 / P.060

ハーシー
キャラメルシロップ
623g

ハーシー
チョコレートシロップ
623g

ラティスト
ココア・ソース

ラティスト
キャラメル・ソース

モナン
「ラティスト キャラメル・ソース」
「ラティスト ココア・ソース」

シロップブランドの老舗・フランス「MONIN（モナン）」社の、誰でも簡単にラテアートが描けるよう開発されたラテアート用トッピングソース。ペンを持つように手軽に使えるボトルタイプ。繊細な絵柄も描きやすい細い注ぎ口で、ソースがフォームドミルクに沈む事なく長く維持できるよう工夫が施されている。現在、2種類のラインナップを用意。淡いブラウンの色が美しくほどよい甘さの「キャラメル・ソース」は、キャラメルラテやデザートのトッピングなどに。しっかりした濃いブラウン色の芳ばしい「ココア・ソース」は、カフェモカやアイスクリームのトッピングなどに向く。

日仏貿易
TEL 0120-003-092

→ レシピは P.062 / P.064

山眞産業 花びら舎
「生(フレッシュ)ミント・プラス」

桜から始まり、四季折々の花や葉と地産果実のスイーツ素材を提供している山眞産業㈱花びら舎。今年3月に夏の素材として、「生(フレッシュ)ミント・プラス」を発売した。国内のハーブ生産者が栽培した、新鮮で安心安全な生のミントの葉を使用しているのが特徴。香料は不使用、ケーキやムース、焼き菓子、パン生地などに少量使うだけで、自然なミントの風味を付けることができる。ミントの涼やかな色合い、さわやかな香り、すっきりとした後口が夏らしさを演出し、季節感のあるメニュー開発にも役立つ。同社ではその他の夏素材として、ハイビスカスやブルーハーブ、梅の製品なども用意している。

山眞産業
TEL 052-521-0500

→ レシピは P.066 / P.068

生ミント・プラス　500g

さくらホイップ　500ml

山眞産業
「さくらホイップ」

四季折々のスイーツ素材を製造販売する山眞産業㈱花びら舎。中でも桜の花や葉を使った商品は豊富なアイテムを揃えており、桜メニューの普及・拡大に貢献している。同社の新商品「さくらホイップ」は、Wサクラパウダーと桜葉エキス香料を使用したホイップクリーム。上品な桜の香りとやさしい色味により、手軽に春らしさが打ち出せる。口金付き絞り袋に入った冷凍品で、解凍してそのまま絞り出して使えるのも魅力。パフェやケーキなどのスイーツに、またドリンクのトッピングとしても活躍する。そのほか、「Wサクラソース」「Wサクラクランチ」「桜ダイスカットゼリー」など、多彩な桜商品を取り揃えている。

山眞産業
TEL 052-521-0500

→ レシピは P.070 / P.072

014

日世
「ブーケサブレ」

2017年、創立70周年を迎えたソフトクリーム総合メーカーの日世㈱。独自の技術で、ソフトクリームミックス、コーン、フリーザーなど次々と新たな関連商品を開発し、ソフトクリームの普及に邁進している。同社が提案するのは、特別な日のスイーツをコンセプトにした、花束スタイルの「ブーケソフトクリーム」。バター風味のサブレ生地をやさしく巻いた「ブーケサブレ」に、花形の専用取り出し口を装着したフリーザーで、プレミアムグレードのソフトクリームを盛り付ける。女性が喜ぶかわいらしいフォルムとともに、グルメな大人も満足させる上質な味わいにもこだわり、贅沢感のあるスイーツとして人気を集める。

日世
TEL 072-624-0001

→ レシピは P.074 / P.076

トラーニ
「チョコレート モカソース」

オールナチュラルのみの原材料を使用したトラーニ ピュアメイドシリーズ。高級ココアを使用しダークチョコレートそのものの味を楽しむことができる。カフェモカやフラッペはもちろん、アイスクリーム、パンケーキへのトッピングとしても使用可能。増粘剤不使用の滑らかな仕上がりで、アイスドリンクにも簡単に溶け込む。

東洋ベバレッジ
TEL 072-957-1500

→ レシピは P.078

チョコレート モカソース 1.89L

エスビー食品
「セレクトスパイス」
燻製塩こしょう/ケイジャンシーズニング

エスビー食品の「セレクトスパイス」は、トレンドの味を網羅したシーズニングスパイスなど、200種・650アイテム以上を揃える業務用ブランド。オペレーションを容易にしつつ本格派の味が作れる便利さが評価され、カフェなどを中心に需要が伸びている。シーズニングスパイスの一つ「ケイジャンシーズニング」は、チリパウダーをベースにした調合スパイス。誰でも手軽にアメリカ南部ケイジャンメニューが作れると、いま人気だ。2018年8月発売の「燻製塩こしょう」は、あらびきブラックペッパーとアメリカ産岩塩をブナのチップで燻製した新感覚の調味料。ひとふりでスモークの香りが添えられ、ワンランク上の味わいを作ってくれる。

エスビー食品 お客様相談センター
TEL 0120-120-671

→ レシピは P.080 / P.082

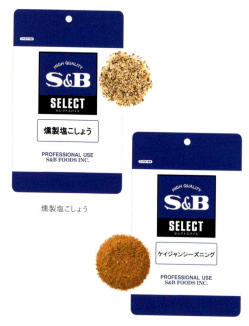

燻製塩こしょう

ケイジャンシーズニング

ハナマルキ
「クレープ」

大手味噌メーカー・ハナマルキの業務用クレープ。常温保存できるのが特徴で、豊富なバリエーションを取り揃えている、利便性の高いクレープ生地だ。

ハナマルキ
TEL 0120-870-780

→ レシピは P.084

016

かんじゃ山椒園
「手摘み臼挽き 粉山椒」「山椒水煮」

日本一の収穫量を誇る山椒の名産地・和歌山県。有田郡有田川町にある「かんじゃ山椒園」は、山椒の栽培に最適な気候風土の中、古くから最高級の「ぶどう山椒」を栽培。化学肥料や農薬を使わず手間暇かけて栽培し、手作業で不純物を取り除くなど、栽培、加工から販売まで一貫して丁寧に行なっている。果皮が厚く実は大粒で、柑橘系のフルーティーな香りが特徴。実山椒、山椒粉、水煮、味噌、ジャムなど多彩な商品を揃えている。「手摘み臼挽き 粉山椒」は、臼で丁寧に挽いて風味の劣化を抑えた、香り高く緑色が鮮やかな粉山椒。山椒を塩水で煮て使いやすく加工した「山椒水煮」は、彩りとアクセントをつけたい時に重宝する。

かんじゃ山椒園
TEL 0737-25-1315

→ レシピは P.086

手摘み臼挽き 粉山椒

山椒水煮

GABAN®
「グルメミル 高知県産・仁淀川山椒入 14g 瓶」

高知県を流れる仁淀川は四国の最高峰である石鎚山を源におく日本屈指の清流。その川沿いにある自然豊かな町、越知町で収穫される香り高い山椒が"仁淀川山椒"。その香りは青いレモンのように清々しくフルーティで、色は黄緑〜うぐいす色と鮮やか。和食だけでなく、フレンチやイタリアンでも使える。うなぎや焼き鳥、ステーキや魚介のソテー、クリームやオイル系のパスタだけでなく、チョコレート、柚子、オレンジなどのアクセントとしても使える爽やかな香りの山椒は、カフェでも幅広い使い方が期待できる。

ギャバン
TEL 03-3537-3020

→ レシピは P.088

日清フーズ
「IQF（バラ凍結）No.41
　Penne Rigate（ペンネリガーテ）」

日清フーズの「IQFペンネ」は、茹でてバラバラの状態で冷凍されているのが特徴。必要な分だけ取り出して使えるので、小さなカフェでも重宝する。乾燥ペンネは茹で時間が10分ほどかかるが、これはオーブン調理なら下茹で不要でそのまま使え、サラダにする場合も、茹で時間はわずか30秒と、調理時間が一気に短縮できる。ショートパスタは手間と時間のかかるイメージがあるが、これを使えばカフェメニューのバリエーションが一気に広がりそうだ。

日清フーズ
URL http://www.nisshin-foods.co.jp/gyoumuyou/

→ レシピは P.090 / P.092

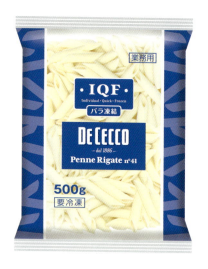

ニューオークボ
「生パスタ」

デュラム小麦のセモリナ挽きを100%使った生パスタ。夏期限定商品『生サラダスパゲッティ』のほか、フィットチーネやリングイーネなどもある。無加熱製法により、小麦の旨味と風味を最大限に引き出した。短時間で茹で上がり、空気を多く含むためモチモチした食感が楽しめ、ソースもなじみやすいなど、乾麺と差別化できる様々な利点がある。2018年に冷凍生パスタシリーズも登場。1食ずつの個包装で、小規模店舗でも使いやすい。

ニューオークボ
TEL 04-7192-5200

→ レシピは P.094 / P.096

ラ・スフォリーナ
「冷凍詰め物パスタ」

イタリア「ラ・スフォリーナ」の冷凍詰め物パスタは、3種類が揃う。今回使ったトルテッリ・アイ・フンギ&ポルチーニ」は、香り高いポルチーニ茸などのきのこを詰めたリッチなパスタ。冷凍のまま、使う分だけ3分ほど茹でればよい。手間ひまかかる詰め物パスタが、カフェでも手軽に提供できる。具材が詰めてあるため食べ応えがあり、高級感も出せるので単価アップも可能。

冷凍トルテッリ・アイ・フンギ&ポルチーニ

モンテ物産
TEL 0120-348-566

→ レシピは P.098

讃陽食品工業
「S=O ライプオリーブ」

オリーブの中には、塩気や酸味、えぐみなどが強いものもあり、苦手な人も多いもの。このカリフォルニアスタイルのS=Oライプオリーブはナッツフレーバーで、食べやすいのが特徴。オリーブらしいコクや風味がありながらもクセは少ないので、カフェでも使いやすそうだ。オリーブはピザやパスタの飾り程度にしか使えないのでは…と思われがちだが、料理やスイーツにたっぷり使ってみてもよい。新しい味の発見があり、オリジナリティのあるメニューができ上がる。

S=Oスライス
ライプオリーブ

S=Oピテット
ライプオリーブ

讃陽食品工業
TEL 03-3288-1181

→ レシピは P.100

アキタフーズ
「きよら グルメ仕立て」「ほめたま」

1927年の創業以来、安全安心・新鮮・おいしさを追求した卵づくりに取り組むアキタフーズ。通常なら外部事業に委託される、種鶏・ヒナのふ化・飼料配合から卵の出荷までの全工程を自社で管理する、国内唯一の「完全直営一貫生産システム」を確立。25段階にものぼる自社独自のサルモネラ菌検査を導入し、安全安心な卵の出荷を実現している。自社ブランドの「きよら グルメ仕立て」は、富士山麓の深層水で育った赤鶏の卵で、コクと旨味のあるねっとりした濃厚な黄身が特徴。「ほめたま」は、天然ハーブを配合した飼料によって卵独特の臭みを抑え、加熱調理しても黄身色が際立つよう作られた卵。ともに6個入と10個入を販売。

アキタフーズ
URL https://www.akitatamago.co.jp

→ レシピは P.102

カネク
「シャキシャキわさび」

カネクの「シャキシャキわさび」は、わさびを刻んで醤油で薄く味付けした商品。おろしわさびと違い素材感が楽しめる上、意外と辛味もマイルドなので、ツンとくる独特の辛さが苦手な方にも食べやすい。わさびは和食のイメージがあり「カフェメニューにむかないのでは」と思いがちだが、青臭さがないので洋風メニューにも使いやすい。シャキシャキした食感や、さわやかな辛さがアクセントとなり、カフェメニューにオリジナリティを加えてくれるだろう。

カネク
TEL 0428-22-2141

→ レシピは P.104

020

ワキュウトレーディング
「マッシュルーム」

世界で最も多く食べられているきのこ「マッシュルーム」の魅力を日本に伝える、マッシュルーム専門商社・ワキュウトレーディング。有機培地、ミネラル豊富な天然地下水の使用など、美味しさと安心安全にこだわる国内トップの生産者が作るマッシュルームを取り扱う。ポピュラーなホワイト種はまろやかでクセがなく、どんな料理にも使える万能選手。ブラウン種は濃厚で力強い旨味が楽しめる。そのほか、直径6cmを超えるジャンボマッシュルームや、直径13cm以上のギガマッシュルームなども用意。日本国内でマッシュルームの認知度を上げるため、同社直営のレストラン「マッシュルームトーキョー」やレシピサイト「MushroomPower」で様々な食べ方を提案している。

ワキュウトレーディング
TEL 03-5980-2450

→ レシピは P.106 / P.108 / P.110

ブラウンマッシュルーム

ホワイトマッシュルーム

ギガマッシュルーム

スプレッド
「ベジタス フリルレタス」

「ベジタス」は、京都の人工光型の野菜工場で栽培しているため、季節・天候に左右されず一年を通じて料理に使える。栽培期間中は農薬を使用していないため、破棄する部分がほとんどなく、生ゴミが少なく、料理の下ごしらえも楽。葉の形状や食感の違うレタス4アイテム展開で、冷・温料理どちらにもおすすめ。葉野菜特有の青臭さもなく、シャキシャキしていてフレッシュ感もあり、様々なフードメニューに使えそうだ。

スプレッド
TEL 075-326-3850

→ レシピは P.112

フリルレタス

プリーツレタス

ロメインレタス

フリンジレタス

ニダフジャパン
「マカデミアピュアオイル」

健康に良いと評判のマカデミアナッツはパルミトレイン酸(オメガ7)を豊富に含んでいる。その中でもパルミトレイン酸を20%以上含む原料を厳選して使用する、国内で精製された「マカデミアピュアオイル」。さらっとしたきれいなオイルなので扱いやすく、無味無臭なので食材の香りも引き出してくれる。スムージーやドレッシングをさっぱりした味わいに仕上げたり、お菓子の生地をふんわりさせたりする効果もあるという。熱に強く、酸化しにくいのも利点。「女性が好むヘルシーなメニューにも使える、カフェ向きの万能オイルだと思います」と富田先生。

ニダフジャパン
TEL 03-6226-6244

→ レシピは P.114 / P.116

雪印　クリームチーズネージュ

雪印北海道100
フレッシュクリームチーズ

雪印北海道100
クリームチーズ ロイヤルスノー

雪印メグミルク
「クリームチーズ」

雪印メグミルクでは3種類のクリームチーズを販売する。「フレッシュクリームチーズ」は無添加タイプ、「クリームチーズ ロイヤルスノー」は生クリーム入りのリッチな味わいで、ともに北海道産生乳を100%使用する。「適度なやわらかさなので、常温に戻したり裏ごしたりといった手間がなく、作業性がとてもいいですね。濃厚な味わいの「クリームチーズ ネージュ」は、ベイクドチーズケーキや焼成パンなどに。クリームチーズを上手に使い分ければ、用途が広がっていきそうです」と富田先生。

雪印メグミルク
TEL 03-3226-2082

→ レシピは P.118

丸源飲料工業
「ハーダース TUF ホワイトチーズソース」
「ハーダース TUF チーズソース」

ハーダースのTUFチーズソースはパウダータイプ。火を使わずお湯に溶かすだけで、なめらかなソースが作れる。今回使ったホワイトチーズソースは、パルメザンチーズの風味が豊か。ホワイトソース感覚でパスタやグラタンなどに活用できる。チェダーチーズが効いたハーダースTUFチーズソースは、チーズの色味を活かしたいメニューに。「どちらも、高価なチーズで一から作るよりコストがかからず、簡単にチーズのコクや香りが出せるので、カフェでも手軽に使えます」（富田先生）

丸源飲料工業
TEL 03-3617-0121（代）

→ レシピは P.120 / P.122

TUF チーズソース　　TUF ホワイトチーズソース

マスコット
「印度の味 カレーペースト 中辛」

スパイス専門メーカーとして長年支持を集めるヤスマのカレーペースト。アメ色に炒めた玉ねぎやトマト、10数種類のスパイスなどがブレンドされ、水と具材を加えて煮込むだけで本格派のインドカレーが作れる。小麦粉やラードを使わず、野菜をベースにしているので、旨味があってあっさりと食べられるヘルシーな味わいに仕上がる。そのままディップとして、また調味料としてソースづくりに使うと、カレーパウダーよりコク深く仕上がる。工夫次第で用途が広がりそうだ。

ヤスマ
TEL 03-3490-8418

→ レシピは P.124 / P.126

富士食品工業
「タイ料理の素」

富士食品工業の「タイ料理の素」は、手軽にグリーンカレーやトムヤムクンが作れる調味料。特有の香辛料や調味料がなくても、これ一つで簡単にタイ料理の味わいを出すことができる。パウダー状なので量を調節しやすく、保存にも便利。本来のスープ以外にも、ごはんメニューや炒め物の味付けに使ったり、揚げ物にまぶして風味を添えたりといったアレンジが効く。「日本人が食べやすい味に仕上がるので、カフェのメニューにタイ料理の味わいをプラスしたいときおすすめです」（富田先生）。

富士食品工業
TEL 045-545-2584

→ レシピは P.128

トムヤムクン味

グリーンカレー味

麻婆豆腐の素

李錦記（リキンキ）
「合わせ調味料シリーズ」

李錦記の「合わせ調味料シリーズ」は、これ1本で本格的な中国料理の味が再現できる便利な商品。多彩な味のバリエーションがあり、今回使用した麻婆豆腐のほか、八宝菜や回鍋肉など、全部で8種類のラインナップが揃う。数種類を用意しておけば、マンネリ化しがちな日替わりランチの味付けにも活躍しそうだ。カフェの場合はソースとして使うと、中華の味わいを魅力にしたオリジナルメニューが作れる。

大榮貿易公司
TEL 03-3234-5401

→ レシピは P.130

あみ印食品工業
「冷し中華スープ」

昭和27年創業のあみ印食品工業は、「炒飯の素」など和洋中の粉末・液体複合調味料を長年手がけている老舗メーカー。今年で発売60周年を迎える「冷し中華スープ」は、当時は高級メニューだった中華料理店で提供されていた冷やし中華を、「家庭でも手軽に食べられるように」と日本式にアレンジして考案したロングセラー商品。甘味・酸味・コクのバランスがとれたおいしさを大切に、いまも受け継いでいる。昭和レトロなラベルの家庭用360mlと180ml入り瓶詰めボトルのほか、業務用として1.8ℓのペットボトル入りも販売中。居酒屋をはじめとする多様な業態で、幅広いメニューに活用されている。

あみ印食品工業
TEL 0120-014-184（平日9:00〜17:00）

→ レシピは P.132

1.8ℓ

360ml

180ml

バーボンBBQソース　590g

ハインツ日本
「バーボン BBQ ソース」

洋風ソースの有名メーカー・ハインツ日本の「バーボンBBQソース」は、バーボンウイスキーをプラスした新しいバーベキューソース。バーベキューの本場・アメリカではポピュラーなソースで、バーボンの芳醇な香りとスパイシーかつスモーキーな大人の味わいを特徴にしている。牛、豚、鶏などどんな肉にもよく合い、塗りながらグリルする、漬け込む、かける、混ぜる、ディップするといった多彩な使い方が可能。これ1本で深みのある本場のバーベキュー味が手軽に再現できる。近年、日本でバーベキューやウイスキーの人気が高まる中、新たな肉料理のトレンドの一つとして注目されている。現在の発売は業務用のみ。

ハインツ日本
TEL 03-5687-7522

→ レシピは P.134

キユーピー
「キユーピー 具沢山ドレッシング オニオン」

キユーピーの「具沢山ドレッシング オニオン」は、"具材感"に着目して開発された新しいタイプのドレッシング。具材量40％（乾燥玉ねぎ水戻し換算）という比率により、シャキシャキとした食感と手作りドレッシングのようなフレッシュ感を魅力にしている。すりおろし玉ねぎを配合した「オニオン」は、玉ねぎの風味と旨味を大切にしたシンプルな味わい。調味料や素材をプラスすることで、オリジナルの味も作れる。サラダドレッシングとしての枠を超え、肉や魚料理のソースなどにも幅広く活用できる。

キユーピー フードサービス本部
TEL 03-3486-3062

→ レシピは P.136

キユーピー 具沢山ドレッシング
オニオン

キユーピー 具沢山ドレッシング
黒胡椒

キユーピー
「キユーピー 具沢山ドレッシング 黒胡椒」

キユーピーの「具沢山ドレッシング」は刻み玉ねぎをたっぷりと配合し、シャキシャキした食感と手作りドレッシングのようなフレッシュ感を出した業務用商材。「オニオン」「和風」に加え、新たに「トマト」と「黒胡椒」が登場。今回紹介の「黒胡椒」は挽き方の異なる3種類の黒胡椒を合わせた、コクと香りのあるドレッシング。スパイシーな味で肉や魚料理、サラダなどにアクセントを付ける。そのままかけて使えるほか、加熱してたれやソースにすると香りがアップ。おいしさを高める万能調味料としてカフェでも活躍する。

キユーピー フードサービス本部
TEL 03-3486-3062

→ レシピは P.138

026

日本製粉
「業務用パエリアの素」

日本製粉から発売されている2種類のパエリアの素。サフランや調味料などを揃えなくても、これ一つでパエリアの味付けができる。

日本製粉
TEL 03-3511-5339

→ レシピは P.140

ヤマサ醤油
「ヤマサ デザートベース」

パフェなどのスイーツは、何種類もの材料を組み合わせて作り上げるメニューが多いもの。ヤマサ醤油の「デザートベース」は、冷たい牛乳と1:1の割合で混ぜるだけで冷たいムースができるので、素早く仕込みができて便利。今回使用した以外にも、ヨーグルト風味やプリン風味など全11種類の味があり、オリジナルのデザートはもちろん、工夫次第でドリンクメニューにも活用できる。ボトル容器入りで、必要な量だけ使いやすくおすすめ。

杏仁豆腐　　きな粉ミルク風味

ヤマサ醤油 お客様相談室
TEL 0120-803-121

→ レシピは P.142

サントリーフーズ
「プルコ レモン」
「プルコ ライム」

甘味料、着色料、保存料不使用で搾った果実の味わいを再現した『プルコ』は、1973年に南仏マルセイユで誕生したフランスの国民的人気ブランド。『プルコ レモン』は果実繊維入りで、搾りたてのレモンのおいしさを表現。オレンジ果汁を適度に配合することで、口当たりのよさも魅力にしている。『プルコ ライム』は、様々なメニューに使いやすいシンプルなライム味。独特の香りや苦味を添え、メキシカンやエスニックメニューにも活躍する。どちらもキャップをあけてすぐに使える手軽さと品質の高さが特長。水やアルコールで割るだけでドリンクが素早く作れるほか、スイーツやフードにも幅広く使える。

サントリーフーズ
サントリーお客様センター TEL 0120-139-320

→ レシピは P.144 / P.146

プルコレモン 700ml　　プルコライム 700ml

カゴメ
「濃縮飲料 にんじん・オレンジミックス（3倍濃縮）業務用」

今回使用したカゴメの濃縮野菜・果実飲料は、14〜15種類の野菜と様々なフルーツがブレンドされている。希釈して出すだけでなく、今回のように既存のメニューをヘルシーに仕上げたいときに活用してみてもよい。「3倍希釈タイプという特徴を活かした使い方として、フレンチトーストの液にすればしっかり味や色がつきますし、スムージーも水や氷を加えるので薄めずにそのまま使えます。野菜やフルーツを買い揃える手間も省けて重宝します」と富田先生。

カゴメ
TEL 03-5623-8501

→ レシピは P.148

味の素AGF
「AGF® プロフェッショナル」
【濃いめ】緑茶 2L用

AGF®パウダードリンクの特長は、何といっても溶けやすさ。冷水に入れても浮き上がらず、素早くサッと溶けてくれる。「今回は緑茶とほうじ茶のパウダーを使いましたが、香りもよく、風味や色合いも長く持続しました。そのままドリンクを作るだけでなく、デザートやフード、カクテルなどに活用すると、こうした特長が活かされて魅力のあるメニューが作れると思います」と富田先生。他に甘味の付いた「抹茶オレ」やフルーツティーなど計20種類が揃っており、メニューアイテムを増やすのにも役立ちそうだ。

味の素AGF
TEL 0120-17-8651

→ レシピは P.150 / P.152

ユウキ食品
「コーディアル」

「コーディアル」はハーブやフルーツを使った、イギリス伝統の飲料。ナチュラルな味わいが女性に人気。「ユウキ食品のコーディアルは全部で8種類のバリエーションがあり、色や甘さも自然で、デザートにも活用しやすいと思いました。希釈タイプなので、しっかり味や風味が出せます。ボトルのラベルのデザインもおしゃれなので、カフェのキッチンに並べても絵になりそうですね。こうした商品をうまく使えば、デザートのバリエーションも増やしやすくなります」(富田先生)。

ユウキ食品 お客様センター
TEL 0120-69-5321

→ レシピは P.154

有機コーディアル
ジンジャー

ミズーラ
「全粒粉ビスケット」「全粒粉ラスク」

イタリアでポピュラーな、全粒粉ビスケットやクラッカーのブランド「ミズーラ」。食物繊維が豊富な小麦全粒粉を使用し、しっかりした食感と控えめな甘さが人気を呼んで、イタリアでは食事代わりとしても食べられている。日本ではリードオフジャパンが輸入元となり、業務用商材としてイタリアンレストランを中心に販路を拡大。現在はカフェや和食店、ホテルなど幅広い業態で使われている。素朴なおいしさの「全粒粉ビスケット」は、オードブルのほかチーズケーキの土台などお菓子作りにも最適。形のかわいらしさと香ばしく軽い食感が好評の「全粒粉ラスク」は、朝食やパーティーメニューなどに向く。

リードオフジャパン
TEL 03-5464-8170

→ レシピは P.156 / P.158

ミズーラ 全粒粉ビスケット
330g

ミズーラ 全粒粉ラスク
320g(40枚)

日本ケロッグ
「グラノラ」

日本で50年以上も前から販売されているというケロッグのシリアル。おなじみのコーンフレークをはじめ、最近では脂質が控えめな「玄米フレーク」や、ビタミン、鉄分、食物繊維たっぷりの「グラノラ」などの人気が高まっているそうです。シリアルはそのままさっと使える、便利な食材。ドリンクやスイーツ、サラダのトッピングなど、活用法も様々。栄養バランスをアピールしたい朝食メニューや、食感や食べ応えを出したいときに使うと、メニューの魅力をアップさせることができる。

日本ケロッグ お客様相談室
URL https://www.kelloggs.jp/ja_JP/contact-us.html

→ レシピは P.160

ギラデリ
「バニラ フレーバー パウダー」

ギラデリ社はチョコレートを筆頭に、フレーバーソースやパウダーなどを手がけるアメリカの老舗チョコレートメーカー。マダガスカル産バニラビーンズや砂糖などが調合されたこのパウダーは、牛乳（温冷ともに可）に混ぜるだけで手軽にバニラドリンクが作れる。フルーツやコーヒーとの相性もよく、アレンジドリンクや冷菓、焼き菓子などに幅広く活用が可能。さやをこそげる手間がなく、香りもごく自然で、バニラビーンズの黒い粒により高級感も出せる。本格バニラメニューが簡単に作れる便利な商品だ。

アールケーエンタープライズ
TEL 03-6240-3281

→ レシピは P.162

マルイ物産 FOOD BOAT®
「TAPICO」（タピコ）

食の新体験を発想する商社・㈱マルイ物産では、新たに創設したコーポレートブランド『FOOD BOAT®』にて、ドリンクやタピオカ関連商品など主に独創的な輸入食材を展開。食の安全性を重視した管理体制をとり、業務用商材として効率化に重きを置いた商品開発にも力を注いでいる。計6種類を用意する。『TAPICO』はタピオカ自体に味をつけ、ドリンク用ソースとともに1食分ずつ冷凍パック。スムーズなオペレーションやロスの防止にも貢献する画期的な商品で、計10種類を揃えている。

TAPICO チョコ風味

マルイ物産 FOOD BOAT®
TEL 0274-63-1293

→ レシピは P.164

新田ゼラチン
「ふわあわEG」

業務用ゼラチンやアガーなどで知られる新田ゼラチンの、ゼラチンをベースにした注目商材。「ふわあわEG」は、水やシロップなどに加えて加熱し、冷ましながらハンドミキサーで泡立てると、ふわっとした泡状のゼリーが作れるもの。優れた保形性により、なめらかな泡が持続する。でき上がり後の冷凍・冷蔵保存が可能で、作り置きできる利便性の高さも魅力。話題性のあるスイーツやドリンクづくりに役立つ。

ふわあわEG

新田ゼラチン
TEL 03-6231-1831

→ レシピは P.166

アイスライン
「雪氷（ゆきごおり）」

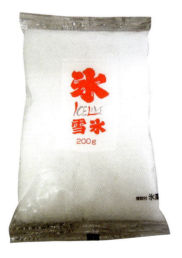

フラッペを提供したくても、かき氷機を導入するには設置スペースが必要になり、メニュー化できないでいるカフェも多いのではないだろうか。アイスラインの「雪氷」は、そうした小さなカフェにぴったりの商品。削った氷が独自の技術でかたまることなく袋詰めされており、かき氷機を使わず手軽にフラッペがつくれる。200g入りの小袋包装なので、少量使いにも対応でき、ロスも防げそうだ。「フラッペ以外にドリンクやデザートなど、1年を通して使えるシーンのある商品だと思います」（富田先生）。

アイスライン岡山 TEL 086-944-8585
アイスライン東京 TEL 03-5577-6950

→ レシピは P.168

林原
「トレハ®」

林原の「トレハ」(トレハロース)は、とうもろこしなどのでんぷんを原料に作られている糖質。トレハロースは日本では「食品添加物」として分類されているが、ヨーロッパやカナダなどでは「食品」として扱われているという。すぐれた保水性を持ち、肉や魚、ごはんなどのパサつきを抑えるほか、素材の変色防止や生臭みの抑制など、料理のおいしさを維持する様々な機能を持っている。作り置きを余儀なくされるカフェ業態では、特に利用価値の高い食材だろう。

林原
TEL 0120-65-8848（平日9:00～17:00）

→ レシピは P.170

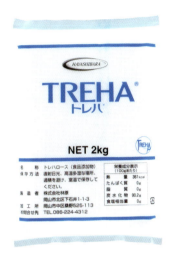

筑波乳業
「濃いアーモンドミルク
～ほんのり黒糖入り～」

ビタミンEなどを豊富に含み、低糖質でコレステロールはゼロ。健康や美容効果が期待できるアーモンドミルクは、いま注目の飲料。筑波乳業の「濃いアーモンドミルク」は、アーモンド含有量が高く、濃厚なコクと風味が楽しめる。黒糖入りはほんのり甘くて飲みやすく、スムージーや料理に使うと、まろやかでいて乳製品よりすっきりした味に仕上がる。「スチーミングも可能で、カフェラテもOK。乳アレルギー対策メニューにもおすすめです」と富田先生。

筑波乳業
TEL 03-5817-8188

→ レシピは P.172

不二製油
「チーズのような豆乳クリーム 大豆舞珠（まめまーじゅ）」

「大豆舞珠（まめまーじゅ）」は低脂肪豆乳が主原料の新しいタイプの豆乳製品。乳酸菌で発酵しているため、他の豆乳製品にないチーズに似たコクやうま味がある。従来の豆乳にあった独特の臭みがなく、組み合わせる素材の味わいを活かせるのも利点。「これならスイーツだけでなく料理にもジャンルを問わず使えます。動物由来の原料は不使用とのことでアレルギー対応メニュー作りにも役立ちます」（富田先生）。作業性のよいクリームタイプと、カットして使うセミハードタイプがあり用途ごとに使い分けできる。

不二製油
URL http://uss1.jp/

→ レシピは P.174

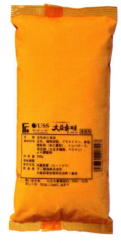

大豆舞珠　　　　大豆舞珠セミハード

日穀製粉
「ガレットミックス粉」

「ガレットミックス粉」は、水を混ぜるだけでガレット生地が作れる。専用の器具がなくてもフライパンで薄くきれいに焼け、生地を作って一晩ねかせる必要もなく、初心者でも表面はパリッと、中はモッチリとした食感に焼き上がる。「長野県産の石臼挽きそば粉を使っているためか、味わいにクセもなく、様々な具材に合いそうです。ガレットはフード、スイーツの両方に使えるので、メニューのバリエーションを広げたいカフェにおすすめします」と富田先生。

日穀製粉
TEL 0120-25-4157 受付時間 9:00～17:00（土・日・祝日を除く）

→ レシピは P.176

吉原食糧
「ぎゅっとポリフェ」

2012年四国産業技術振興センター「技術功績賞」を受賞。高ポリフェノール含有の健康性を持ち、「甘み」「風味」が豊かな新タイプの小麦粉。特殊な粉砕加工によって小麦をやや粗挽きすることで、ポリフェノール含有の多い表皮や表皮に近い胚乳部、胚芽をバランス良く挽き込んでおり特徴的な粒度（メッシュ）に仕上げている。全粒粉とは異なり、ざらつきがなくなめらかな口あたりに仕上がり、風味の豊かな菓子・麺・パン作りに最適。クリスピーさと風味豊かな焼き菓子、もっちり・しっとりのシフォンや"小麦の甘味"が広がるクレープなど、味わい豊かな菓子に仕上がる。

吉原食糧
TEL 0877-47-2030

→ レシピは P.178 / P.180

M-INDUSTRY Japan スイスデリス
「ロスティ」

スイス伝統の「ロスティ」は、細切りにしたじゃがいもをフライパンでカリッと焼いた、ポテトパンケーキのような料理。M-INDUSTRYのスイスデリス「ロスティ」は、じゃがいもの細切りに野菜ブイヨンや塩などですでに味付けされており、パッケージから出して焼くだけで本場のロスティが作れる。朝食や軽食、おつまみとして提供でき、素材自体シンプルなので、その他のメニューにも幅広くアレンジできる。常温で2年間保存でき、常備しておけばメニュー開発の際にも活躍してくれそうだ。

M-INDUSTRY Japan
TEL 03-6450-1360

→ レシピは P.182

TAYLOR & COLLEDGE
ORGANIC Vanilla Bean

贅沢なのに…とっても簡単

テイラー＆カレッジ
ナチュラル フレーバーペースト

テイラー＆カレッジ
オーガニック バニラビーンズペースト

正規輸入総代理店
サンデン商事株式会社
TEL：03-3440-6051　　HP：www.pure-leaf.net

食材編

レシピ紹介

ほっとアー乳の
チョコレートクッキーショコラ

| 使用商材 | モナン「チョコレートクッキー・シロップ」 | → 商材紹介は P.010 |

アー乳(アーモンドミルク)でさっぱりした飲み心地に仕上げたチョコドリンク。
チョコレートブクッキー・シロップの香りが大人の雰囲気を醸し出す。チョコクリスピーの食感も楽しい。

【材料】1人分

- アー乳ショコラ★…360ml
- チョコクリスピー…10g+2g
- ホイップクリーム…12g
- モナン チョコレートクッキー・シロップ…6g+2g

★ アー乳ショコラ

鍋にココアパウダー14g、グラニュー糖20g、熱湯 大さじ2を入れてよく混ぜ、アーモンドミルク240mlを注いで沸騰させないように温める。冷やしてアイスドリンクとして提供してもOK。

【作り方】

1. グラスにチョコレートクッキー・シロップ6gとチョコクリスピー10gを入れる。
2. 1に温めたアー乳ショコラを静かに注ぐ。
3. 2にホイップクリームをのせ、チョコクリスピーをちらし、チョコレートクッキー・シロップをかける。

甘酒のパンナコッタ エスプレッソチョコレートクッキーホイップがけ

| 使用商材 | モナン「チョコレートクッキー・シロップ」 | → 商材紹介は P.010 |

「甘酒」を使ったやさしい甘さのパンナコッタ。トッピングのホイップクリームにチョコレートクッキー・シロップとエスプレッソを加え、ミルキーな味わいにアクセントを添えた。

【材料】3人分

- 甘酒 …150ml
- 35％生クリーム…200ml
- グラニュー糖…小さじ2
- 板ゼラチン…5g
- バニラビーンズペースト…4g
- チョコレートクッキーホイップクリーム★…15g×3
- いちご…1粒×3
- モナン チョコレートクッキー・シロップ… 1g×3
- ミントの葉… 適量

★ チョコレートクッキーホイップクリーム（でき上がり量110g）
- 35％生クリーム…100ml
- シュガーシロップ…10ml
- エスプレッソコーヒー…15ml
- モナン チョコレートクッキー・シロップ…2g

【作り方】

1. 鍋に甘酒、生クリーム、グラニュー糖を入れて中火にかけ、ときどき混ぜながら沸騰直前まで温める。
2. 1を火からおろし、適量の水でふやかしておいたゼラチンを加えてボウルに移す。
3. 2を氷水にあて、静かに混ぜながらバニラビーンズペーストを加え、とろみをつける。
4. 3をグラスに流し入れ、冷蔵庫で冷やし固める。
5. チョコレートクッキーホイップクリームを作る。ボウルに35％生クリームとシュガーシロップを入れて6分立てにし、冷ましたエスプレッソ、チョコレートクッキー・シロップを加えて7分立てにする。
6. 4に5をのせていちごを飾り、チョコレートクッキー・シロップをかけてミントの葉を飾る。

ぶんたんチーズクリームケーキ

| 使用商材 | 岡林農園「ぶんたんシロップ」 | → 商材紹介は P.010 |

ぶんたんシロップをたっぷり打ったスポンジと、ぶんたん風味のなめらかなチーズクリームを重ねたケーキ。残ったスポンジを利用したケーキクラムをのせて、見た目もかわいらしく演出。

【スポンジケーキ 材料】15cm 角型1台分

スポンジケーキ
- 卵(L玉)…2個
- 上白糖…60g
- 薄力粉…60g
- 食塩不使用バター…60g
- 牛乳…20g

【スポンジケーキ 作り方】

1. ボウルに卵と上白糖を入れ、湯煎にかけながらもったりと白っぽくなるまで混ぜる。
2. ふるった薄力粉を1に入れてさっくりと混ぜ、湯煎で溶かしたバターと牛乳を加え、ゴムべら切るように混ぜる。
3. 2を型に流し、180℃のオーブンで15〜18分焼成する。

【ぶんたんチーズクリーム 材料】作りやすい量

- クリームチーズ…200g
- グラニュー糖…70g
- 卵黄…2個分
- 35％生クリーム…200ml
- 岡林農園「ぶんたんジャム」…40g

【ぶんたんチーズクリーム 作り方】

1. 室温に戻したクリームチーズとグラニュー糖をボウルに入れてすり混ぜ、卵黄を1個ずつ加えて混ぜる。
2. 別のボウルに生クリームとぶんたんジャムを入れて9分立てにする。
3. 2を1に半量ずつ入れて混ぜる。

【ぶんたんチーズクリームケーキ 材料】1個分

- スポンジケーキ(直径7cmのセルクルで抜いたもの)…2枚
- ぶんたんチーズクリーム…60g
- 岡林農園「ぶんたんシロップ」…12ml
- ケーキクラム…8g
- ミントの葉…適量、
- 岡林農園「飲む土佐文旦ジュレ」…15g

【ぶんたんチーズクリームケーキ 作り方】

1. スポンジケーキを直径7cmのセルクルで抜き、ぶんたんシロップをハケで塗る。
2. セルクルの底に1のスポンジケーキを敷き、半量のぶんたんチーズクリームを絞る。これをもう1回くり返す。
3. 残ったスポンジケーキをザルにこすりつけてケーキクラムを作り、2の上にのせて、冷蔵庫で2時間やすませる。
4. 3をセルクルからはずして器に盛り、ミントを飾ってまわりにぶんたんジュレを流す。

食物繊維たっぷり
チアシード&ラズベリートマト

| 使用商材 | 唐芋農場「あめんどろスキートポテトシロップ」 | → 商材紹介は P.011 |

食物繊維が豊富なおいものシロップと、アメリカでスーパーフードとして注目を浴びている南米原産の果実の種「チアシード」を使用。ヘルシー素材の組み合わせで女性を引きつける一品。

【材料】1人分

A ┬ ・チアシード…7g
　├ ・アーモンドミルク12…60ml
　└ ・あめんどろスキートポテトシロップ（薩摩芋蜜）…5g
・冷凍ラズベリー…40g
・ミニトマト…6個（66g）
・無糖ヨーグルト…100g
・オールブランハニークランチ…5g
・あめんどろスキートポテトシロップ（薩摩芋蜜）…8g

トッピング
・冷凍ラズベリー…6粒
・オールブランハニークランチ…25g、
・あめんどろスキートポテトシロップ（薩摩芋蜜）…2g、
・ミントの葉…適量

【作り方】

1 ボウルにAを入れて混ぜ、冷蔵庫に入れて冷やす。

2 ミキサーに冷凍ラズベリー、ミニトマト、ヨーグルト、オールブランハニークランチ、あめんどろスキートポテトシロップを入れて撹拌する。

3 グラスに1を入れ、2を注ぎ入れる。

4 トッピングをのせてあめんどろスキートポテトシロップをかけ、ミントの葉を飾る。

おいもとフルーツのホットデザート

| 使用商材 | 唐芋農場「あめんどろスイートポテトシロップ」 | → 商材紹介は P.011 |

女性に好まれるさつまいもとフルーツに、マイルドなヨーグルトソースをかけ、グラタン風に仕上げた一品。おいものシロップのナチュラルな甘さが、素材の持つ甘味や味わいを引き立てる。

【材料】1人分

- さつまいも…175g
- りんご…100g
- バナナ…124g
- 食塩不使用バター…10g
- 白ワイン…15ml

ソース（でき上がり量250g）

- 無糖ヨーグルト…200g
- マヨネーズ…12g
- あめんどろスキートポテトシロップ（安納芋蜜）…30g
- 上白糖…30g

トッピング

- ローストアーモンドスライ…4g
- シナモンパウダー…適量
- あめんどろスキートポテトシロップ（安納芋蜜）…8～10g
- チャービル…適量

【作り方】

1. さつまいもは皮ごと1cm強の厚さのいちょう切りにし、水にさらしてから電子レンジで3分ほど加熱する。りんごは一口大に切り、バナナは1cm強の輪切りにする。
2. ボウルにソースの材料を入れて混ぜる。
3. フライパンにバターを入れて火にかけ、溶けたら1を入れて軽く炒め、白ワインを入れてアルコール分を飛ばす。
4. 耐熱皿に3を盛って2を180mlかけ、200℃のオーブンで8～10分焼成する。
5. トッピングをちらし、あめんどろスキートポテトシロップをかけ、チャービルを飾る。

コーヒーしっとりチーズケーキ
メープル&アーモンドミルクソース

| 使用商材 | クインビーガーデン「ケベック メープルシュガー」 | → 商材紹介は P.011 |

しっとりとした舌触りが魅力の冷たいチーズケーキ。メープルシュガーのやさしい甘さが、コーヒー生地の苦味や香りとマッチ。アーモンドミルクとメレンゲの効果でさっぱり食べられる。

【コーヒーしっとりチーズケーキ 材料】直径15cm 丸型1台分

- クリームチーズ…150g
- 食塩不使用バター …30g
- ケベックメープルシュガー…20g
- 卵黄(L)…2個分
- アーモンドミルク(黒糖入り)…60ml
- 薄力粉…16g
- バニラビーンズペースト…5g
- 卵白(L)…2個分
- グラニュー糖…30g
- コーヒーパウダー …2g

【コーヒーしっとりチーズケーキ 作り方】

1. 室温に戻したクリームチーズとバターをボウルに入れてすり混ぜ、ケベックメープルシュガーを加えて混ぜる。
2. 1に卵黄を1個ずつ加えて混ぜ、アーモンドミルク、ふるった薄力粉を順に加えて混ぜる。
3. 2にバニラビーンズペーストを混ぜて、漉す。
4. 別のボウルに卵白とグラニュー糖を入れて泡立て、メレンゲを作る。
5. 3に4を3回に分けて加え、さっくりと混ぜる。
6. 5の1/4量にコーヒーパウダーを混ぜ、コーヒー生地を作る。
7. 敷紙を敷いた型に5を流し、6を表面に流して竹串でマーブル模様を描く。
8. 160℃のオーブンで45分ほど焼成し、粗熱を取ってから冷蔵庫で一晩やすませる。

【メープル＆アーモンドミルクソース 材料】作りやすい量

- A
  - ケベックメープルシュガー… 50g
  - アーモンドミルク(黒糖入り)…50ml
  - 35％生クリーム…大さじ1
- コーンスターチ…2g
- 水…小さじ1/2

仕上げ（1人分）
- ホイップクリーム…5g
- バニラアイスクリーム…#18ディッシャー1個
- ミントの葉…適量

【メープル＆アーモンドミルクソース 作り方】

1. 鍋にAを入れて弱火にかけ、ケベックメープルシュガーを溶かす。
2. 水で溶いたコーンスターチを1に加え、軽くとろみをつける。
3. 2を火からおろし、粗熱をとっておく。

【盛りつけ】

コーヒーしっとりチーズケーキを6等分にカットして器に盛り、左側にホイップクリームを絞ってアイスクリームをのせ、ミントの葉を飾る。メープル＆アーモンドミルクソースをかける。

アーモンドミルクのバニラプリンパフェ

| 使用商材 | サンデン商事「テイラー＆カレッジ バニラビーンズペースト」 | → 商材紹介はP.012 |

いま注目のアーモンドミルクやグラノラを使ったパフェの仕上げに、ペースト状のバニラビーンズをソースのようにとろりとかける。バニラの甘い香りが漂うおしゃれなパフェに。

【材料】1人分

- ラズベリーソース…5g
- バニラアイスクリーム…#20ディッシャー1個
- フルーツグラノラ…8g+10g
- ホイップクリーム(微糖)…5g+15g
- アーモンドミルクプリン1個★…(76g)
- テイラー&カレッジ バニラビーンズペースト…3g
- ミントの葉…適量

★ アーモンドミルクプリン

1.板ゼラチン(7g)を適量の水で戻しておく。
2.鍋にアーモンドミルク10(300ml)、35％生クリーム(150ml)、グラニュー糖(40g)、水(50ml)を入れ、沸騰させないように弱火で温めて火を消す。
3.2に1を入れて溶かし、裏ごしする。
3にバニラビーンズペーストを入れてよく混ぜ、プリンカップに流し入れて冷蔵庫で2時間以上冷やし固める。

【作り方】

1 グラスにラズベリーソースを入れてグラスをまわし、バニラアイスクリームを入れる。

2 1の上にフルーツグラノラを8gかけ、ホイップクリームを5g絞り、アーモンドミルクプリンをのせる。

3 グラス表面の左側にフルーツグラノラを10gのせ、右側にホイップクリームを15g絞る。

4 仕上げにバニラビーンズペーストをかけ、ミントの葉を飾る。

バニラのフルーツコンポートパウンドケーキ

| 使用商材 | サンデン商事「テイラー&カレッジ バニラビーンズペースト」 | → 商材紹介は P.012 |

生地にバニラフレーバーを加えるのではなく、生地に混ぜるフルーツのコンポートにバニラの香りをつけるのがポイント。甘さがほどよい、大人が楽しめるパウンドケーキに仕上がる。

【材料】18×8×1cm のパウンド型 1 台分

- 食塩不使用バター…100g
- グラニュー糖…100g
- 全卵(L玉)…2個
- 牛乳…5g
- 薄力粉…110g
- 塩…ひとつまみ
- アーモンド(ダイスカット)…10g、
- ドライフルーツのバニラコンポート★…93g
- ラム酒…適量

★ ドライフルーツのバニラコンポート

1. 板ゼラチン(7g)を適量の水で戻しておく。
2. 鍋にアーモンドミルク10(300ml)、35%生クリーム(150ml)、グラニュー糖(40g)、水(50ml)を入れ、沸騰させないように弱火で温めて火を消す。
3. 2に1を入れて溶かし、裏ごしする。
3にバニラビーンズペーストを入れてよく混ぜ、プリンカップに流し入れて冷蔵庫で2時間以上冷やし固める。

【作り方】

1. 室温に戻したバターとグラニュー糖をミキサーボウルに入れ、もったりするまで混ぜる。
2. 1にほぐした卵を少しずつ加えながらよく混ぜ、室温に戻した牛乳を入れて混ぜる。
3. ふるった薄力粉と塩を加えてゴムベラでさっくり混ぜ、まだ粉気が残っている状態でアーモンドとドライフルーツのコンポートを加え、さっくりと混ぜる。
4. 敷き紙をセットした型に1を流し入れ、180℃のオーブンで約40分焼成。型からはずし、お好みで表面にラム酒をハケで塗る

ライスクリスピートリーツ（レモン・ココナッツ）

| 使用商材 | サンデン商事「テイラー＆カレッジ ナチュラルフレーバーペースト」 | → 商材紹介は P.012 |

アメリカのお菓子「トリーツ」。バターの代わりにココナッツオイルを使ってヘルシーにアレンジ。レモンやココナッツの香りをプラスして甘さにキレを出し、食べやすくした。トッピングも自由に楽しんで。

【材料】

ライスクリスピートリーツ・レモン（15cm×15cm×6cm角型 2台分）
- 有機ココナツオイル…34g
- ナチュラルフレーバーペースト（レモン）…4g
- マシュマロ（小）…214g
- ライスクリスピー…143g

チョコクリスピートリーツ・ココナッツ（15cm×15cm×6cm角型 2台分）
- 有機ココナツオイル…60g
- ナチュラルフレーバーペースト（ココナッツ）…5g
- ココアパウダー…9g
- マシュマロ（小）…380g
- チョコクリスピー 254g

チョコレートクリーム（作りやすい量）
- クーベルチュールチョコレート（ビター）…100g
- 食塩不使用バター…10g
- チアシード…5g

ホワイトチョコレートクリーム（作りやすい量）
- クーベルチュールチョコレート（ホワイト）…100g
- 食塩不使用バター…10g
- チアシード…5g

トッピング
砂糖菓子/レモンピール/マシュマロ/チョコペン/ゼリービーンズなど

【ライスクリスピートリーツ・レモン 作り方】

1. フライパンにココナツオイルとナチュラルフレーバーペースト（レモン）を入れ、弱火にかけて溶かす。
2. 1にマシュマロを入れ、ゴムベラでかき混ぜながら溶かす。
3. マシュマロの形がなくなってきたらライスクリスピーを入れて火を止め、手早く混ぜる。
4. オーブンシートを敷いた型に3を入れ、オイル（分量外）を塗ったゴムベラで軽く押してなじませる。
5. 4を冷まして3cm角にカットする（冷蔵庫で5分ほど冷やしても可）。

【チョコクリスピートリーツ・ココナッツ 作り方】

1. フライパンにココナツオイルとナチュラルフレーバーペースト（ココナッツ）を入れ、弱火にかけて溶かす。
2. マシュマロにココアパウダーをまぶして1に入れ、ゴムベラでかき混ぜながら溶かす。
3. マシュマロの形がなくなってきたらチョコクリスピーを入れて火を止め、手早く混ぜる。
4. オーブンシートを敷いた型に3を入れ、オイル（分量外）を塗ったゴムベラで軽く押してなじませる。
5. 4を冷まして3cm角にカットする（冷蔵庫で5分ほど冷やしても可）。

【チョコレートクリーム / ホワイトチョコレートクリーム 作り方】

1. クーベルチュールチョコレートを刻み、ボウルに入れて湯煎にかけながら溶かす。
2. 1にバターとチアシードを加え、なめらかになるまでなじませる。

【仕上げ】

2種類のライスクリスピートリーツの上面に、チョコレートクリームまたはホワイトチョコレートクリームをつけ、好みのトッピングをのせる。

レモンジンジャーの
アンチエイジングショートブレッド

使用商材 サンデン商事「テイラー&カレッジ ナチュラルフレーバーペースト」　→ 商材紹介は P.012

スコットランドの伝統菓子・ショートブレッドを、小麦粉、バター、砂糖を使わないレシピで作製。レモンとココナッツの香りがアクセントを添える。ココナッツのアンチエイジング効果にも期待。

【材料】22個分

- 有機ココナツオイル…72g
- デザートシロップ メープル風味…65g
- バニラビーンズペースト…3g
- 塩…ひとつまみ
- ナチュラルフレーバーペースト(レモン)…3g

ココナッツクリーム
- アーモンドパウダー…200g
- ココナッツロング…100g
- しょうが(すりおろし)…8g
- レモンの皮(すりおろし)…1/2個分
- ナチュラルフレーバーペースト(ココナッツ)…2g

トッピング
- ココナッツロング…20g
- レモンの皮(すりおろし)…1/2個分

【作り方】

1. ボウルにココナッツオイル、メープルソース、バニラビーンズペースト、塩、ナチュラルフレーバーペースト(レモン)を入れてすり混ぜる。
2. ココナッツクリームを作る。ボウルにふるったアーモンドパウダーを入れ、ココナッツロング、しょうが、レモンの皮、ナチュラルフレーバーペースト(ココナッツ)を入れてよく混ぜる。
3. 2を1に加えてよく混ぜる。
4. 3を20gに分割して手で丸め、ココナッツロングをまぶす。
5. 冷蔵庫へ30分以上入れて休ませ、レモンの皮をトッピングする。

プチシュータワー

| 使用商材 | ハーシー「チョコレートシロップ」「キャラメルシロップ」 | → 商材紹介は P.013 |

プチシューとアイスクリームを積み上げるように盛りつけ、豪華さを演出したスイーツメニュー。ハーシーのチョコレートシロップとキャラメルシロップを使い、ワンプレートで2つの味が楽しめるという付加価値を添えた。シロップをボトルから直接垂らすだけで、デザートらしさも高まる。

【プチシュー 材料】直径3cm 約24個分

- 牛乳…60ml
- 食塩不使用バター…30g
- 塩…少々
- 薄力粉…50g
- 全卵(室温)…約2個
- 卵液…適量

【プチシュー 作り方】

1. 鍋に牛乳、バター、塩を入れて火にかけ、沸騰したら火からはずし、ふるった薄力粉を一度に加えて再び火にかけ、鍋底をこするように混ぜながら火を通す。
2. 鍋底が白っぽくなったら火からおろし、溶きほぐした卵を少しずつ加えながらよく混ぜる。
3. 直径1cmの丸口金をセットした絞り袋で、天板に直径3cmの大きさに絞り出し、角に水をつけてハケで卵液を塗り、200℃のオーブンで7分、180℃で10～12分焼成する。

【プチシュータワー 材料】1皿分

チョコレート
- ホイップクリーム…44g
- プチシュー…6個
- チョコレートアイスクリーム…#28ディッシャー3個
- アーモンド…3粒
- ピスタチオ…0.5g
- ココアパウダー…0.4g
- ハーシー「チョコレートシロップ」…8g

キャラメル
- ホイップクリーム…44g
- プチシュー…6個
- バニラアイスクリーム…#28ディッシャー3個
- くるみ…3個
- 粉糖…1g
- ハーシー「キャラメルシロップ」…10g
- チャービル…適量

【プチシュータワー 作り方】

1. 器にホイップクリーム(各16g)を直径9cmの円を描くよう2ヵ所に絞る。
2. それぞれの円の中にプチシューを4個ずつのせ、中央にホイップクリーム(各4g)を2ヵ所に絞る。
3. 手前にはチョコレートアイスクリームとプチシュー2個をのせ、ホイップクリーム(5g)を4ヵ所に絞り、半分に切ったアーモンドとピスタチオを飾り、チョコレートシロップをかけてココアパウダーをふる。
4. 奥にはバニラアイスクリームとプチシュー2個をのせ、ホイップクリーム(5g)を4ヵ所に絞ってくるみを飾り、キャラメルシロップをかけて粉糖をふり、チャービルを飾る。

ドーナッツサンド

| 使用商材 | ハーシー「チョコレートシロップ」「キャラメルシロップ」 | → 商材紹介は P.013 |

プレーンドーナッツにクリームをサンドし、酸味のあるチーズホイップ、フルーツやナッツをトッピング。常備できる食材で、デコレーションケーキ風の一品に仕上げた。ハーシーのチョコレートシロップとキャラメルシロップを上手に活用し、かけ方をアレンジすることで手軽にバリエーションも広がる。

060

【材料】各1人分

キャラメル
- ハーシー「キャラメルシロップ」…12g+6g
- ドーナッツ…1個
- ホイップクリーム…28g
- チーズホイップ★…25g
- ブルーベリー…8粒
- ミックスナッツ…2つまみ
- ピンク岩塩…ひとつまみ
- 粉糖…適量

チョコレート
- ハーシー「チョコレートシロップ」…15g+5g
- ドーナッツ…1個
- 桜ホイップ…20g
- チーズホイップ★…25g
- ラズベリー…6粒
- ラズベリークランチ…2つまみ
- ピンク岩塩…ひとつまみ
- 粉糖…適量

★ チーズホイップ
室温に戻したクリームチーズ(50g)とグラニュー糖(20g)をよく混ぜ、室温に戻した無糖ヨーグルト(25g)を入れてさらに混ぜ、35%生クリーム(50ml)を入れて6分立てにする。

【キャラメル 作り方】

1 横半分に切ったドーナッツにホイップクリームを絞ってサンドし、器にのせて上からチーズホイップをかける。

2 ブルーベリーとミックスナッツを飾り、まわりにキャラメルシロップ(12g)を点状に垂らす。

3 ドーナッツの上にもキャラメルシロップ(6g)をかけ、ピンク岩塩と粉糖をふる。

【チョコレート 作り方】

1 器にチョコレートシロップ(15g)で花を描く。

2 横半分に切ったドーナッツをのせ、桜ホイップを絞ってサンドし、上からチーズホイップをかける。

3 ラズベリーとラズベリークランチを飾り、チョコレートシロップ(5g)をかけ、ピンク岩塩と粉糖をふる。

ビーツラテ〜キャラメル・ソース〜

| 使用商材 | モナン「ラティスト キャラメル・ソース」 | → 商材紹介は P.013 |

いまニューヨークで人気のビーツを使ったラテ。ビーツシロップとアーモンドミルクというヘルシーな食材の組み合わせ、ビーツの自然な甘さとピンクの色合い、さらにかわいらしいラテアートで、女性に喜ばれる付加価値を付けた。「ラティストキャラメル・ソース」のほどよい甘さが、ビーツによく合う。

【材料】1人分

- ビーツ缶シロップ(缶)…35g
- アーモンドミルク…100ml
- アーモンドミルクフォーム…適量
- ストロベリーパウダー…適量
- モナン「ラティストキャラメル・ソース」…適量

【作り方】

1. 鍋にビーツ缶シロップとアーモンドミルクを入れ、弱火で温める。エスプレッソマシンのスチーマで温めてもよい。
2. 1をカップに注ぎ、アーモンドミルクでフォームドミルクを作ってのせる。
3. 上からラテアート用ステンシルシートを被せ、ストロベリーパウダーを茶こしで振る。
4. 「ラティストキャラメル・ソース」で波線を描き、竹串を引いて模様を作る。

1

2

3

4-1

4-2

ハッピーバースデープレート
～ココア・ソース～

| 使用商材 | モナン「ラティスト ココア・ソース」 | → 商材紹介は P.013 |

旬のいちごをたっぷり飾って華やかさを出した、誕生日用のデザートプレート。器に「ラティストココア・ソース」を使ってメッセージを描くことで、特別感やオリジナリティが打ち出せる。ペンを持つように握って文字が書けるため、様々なメッセージを入れることが可能。

【いちごタルト 材料】直径12cm タルト型1台分

シュクレ生地（作りやすい量）
- 食塩不使用バター…30g
- 粉糖…10g
- 全卵…20g
- バニラビーンズペースト…2g
- 薄力粉…60g
- 塩…0.7g

粒いちごソース（1台分）
- いちご…4粒（50～60g）
- グラニュー糖…25g

アーモンドクリーム（作りやすい量）
- 食塩不使用バター…40g
- グラニュー糖…40g
- 全卵…30g
- アーモンドパウダー…40g
- バニラビーンズペースト…3g
- ダークラム…5g

【作り方】

1. シュクレ生地を作る。ボウルに室温に戻したバターと粉糖を入れてよく混ぜ、卵を5～6回に分けて加えながらさらに混ぜる。バニラビーンズペーストを加え、一緒にふるった薄力粉と塩を入れてさっくり混ぜ、ひとかたまりにしてラップで包み、冷蔵庫で30分以上休ませる。

2. 粒いちごソースを作る。鍋に縦半分に切ったいちごとグラニュー糖を入れて煮詰める。

3. アーモンドクリームを作る。ボウルに常温に戻したバターとグラニュー糖を入れてよく混ぜ、卵を5～6回に分けて加えてさらに混ぜる。ふるったアーモンドパウダー、バニラビーンズペースト、ダークラムの順に入れて混ぜる。

4. シュクレ生地を3mm厚にのばしてタルト型に敷き、粒いちごソースを入れる。丸口金をセットした絞り袋にアーモンドクリームを入れて渦巻き状に絞り、180℃のオーブンで20～25分焼成して冷ます。

【各材料】1人分

- いちごタルト…1台
- つやてん★…適量
- いちご…12粒
- ピスタチオ、クッキー、巻きチョコ、ミントの葉、粉糖…各適量
- モナン「ラティストココア・ソース」…適量
- いちごソース…適量

★ つやてんの作り方（1人分）

鍋に水（100ml）とグラニュー糖（10g）を入れて火にかけ、沸騰したら粉寒天（0.5g）を入れて溶かし、1分ほど煮詰める。火を止めてホワイトラム（少々）を混ぜる。

【各作り方】

1. いちごタルトの縁にハケでつやてんを塗り、刻んだピスタチオをつける。

2. 1にいちごを10粒のせ、クッキーと巻きチョコをトッピングし、ハケでいちごにつやてんを塗って粉糖を振る。

3. 器にモナン「ラティストココア・ソース」でメッセージを描く。

4. 3に2をのせ、縦に切り込みを入れたいちごとミントの葉、いちごソースを飾る。

ふわふわミントブルーパフェ

| 使用商材 | 山眞産業 花びら舎「生（フレッシュ）ミント・プラス」 | → 商材紹介は P.014 |

「生ミント・プラス」で作るミント味ムースを盛り込んだ、かわいらしいパフェ。すっきりした味わいのムースに、バニラアイスクリームや板チョコをトッピング。一緒に食べることでミントと甘味が調和し、バランスがとれる。ムースにはゼラチンを活用して、ふわっと軽く口溶けのよい食感を打ち出した。

【ふわふわミントムース 材料】でき上がり量 300g

- 上白糖…80g
- 水…200ml
- 板ゼラチン…15g
- 「生ミント・プラス」…18g
- ホワイトキュラソー…適量

【ふわふわミントムース 作り方】

1. 鍋に水を入れて中火にかけ、上白糖を入れて溶かし、シロップを作る。
2. 鍋を火からおろして粗熱をとり、ふやかしたゼラチンを入れて溶かす。
3. 2をボウルに移し、白っぽくなるまで泡立てる。
4. 生ミント・プラスとホワイトキュラソーを加え、もったりとするまでさらに泡立てる。
5. 4をパフェグラスに入れて、冷蔵庫で冷やす。

【ふわふわミントブルーパフェ 材料】1人分

- ふわふわミントムース…35g
- ホイップクリーム…23g
- バニラアイスクリーム…#20ディッシャー1個
- 板チョコ…適量
- ミントの葉…2枚

【ふわふわミントブルーパフェ 作り方】

ふわふわミントムースの上にバニラアイスクリームをのせてホイップクリームを絞り、板チョコとミントの葉をトッピングする。

チョコミントシェイク

| 使用商材 | 山眞産業 花びら舎「生(フレッシュ) ミント・プラス」 | → 商材紹介は P.014 |

いま女子に人気の"チョコミント味"を楽しませる一品。チョコレートソースとアーモンドミルクで作るシェイクに、「生ミント・プラス」でほんのりとミントの味や香りを加えた。牛乳ではなくアーモンドミルクを使うことで、猛暑の時期でも飲みやすいさっぱり感が出て、ミントの香りも活かせる。

【材料】1人分

- チョコレートソース…50ml
- 「生ミント・プラス」…6g
- アーモンドミルク…90ml
- 氷…3個
- ホイップクリーム…18g
- 「生ミント・プラス」(トッピング用)…適量
- ミントの葉…適量

【作り方】

1 ブレンダーにチョコレートソース、生ミント・プラス、アーモンドミルク、氷を入れる。

2 ブレンダーのスイッチを入れて撹拌する。

3 グラスに注いで氷を入れ、ホイップクリームをのせ、生ミント・プラスをかけてミントの葉を飾る。

桜&ホワイトチョコ

| 使用商材 | 山眞産業「さくらホイップ」 | → 商材紹介は P.014 |

桜の色と香りが春らしさをかもし出すドリンクメニュー。温かいホワイトチョコレートドリンクの上に絞った「さくらホイップ」が、口当たりをふんわりとやさしくする。かわいらしい桜花を模したダックワーズのトッピングにより、春を満喫できる一杯に。アイスドリンクとしての提供も可能。

【桜ダックワーズ 材料】約12個分

- 卵白…35g
- グラニュー糖…50g
- Wサクラソース…8g
- 色粉(赤)…適量
- A
  - アーモンドパウダー…15g
  - コーンスターチ…15g
  - 粉糖…20g
- チョコペン(ピンク・黄)…各適量
- Wサクラクランチ…適量
- ラグジュアリーシュガー(ジンジャー)…適量

【桜ダックワーズ 作り方】

1. ボウルに卵白を入れて少し泡立て、グラニュー糖を2回に分けて入れ、7分立てにする。
2. 1にWサクラソースを入れて混ぜ、色を足したい場合は色粉で調整する。
3. A合わせてふるい、2に加えてさっくりと混ぜる。
4. 桜型の口金で天板に絞り、110℃のオーブンで約80分焼成し、表面が乾いたらそのまま2時間以上冷ます。
5. 中央にピンクチョコペンをつけてWサクラクランチをのせ、さらに中央に黄チョコペンをつけてラグジュアリーシュガーを飾る。

【桜&ホワイトチョコ 材料】各1人分

- 牛乳…210ml
- ホワイトチョコパウダー…12g
- Wサクラソース…15g+2g
- 「さくらホイップ」…30g
- 桜ダックワーズ…1個
- Wサクラクランチ…ひとつまみ
- ミントの葉…2枚

【桜&ホワイトチョコ 作り方】

1. 鍋に牛乳とホワイトチョコパウダーを入れて火にかけ、混ぜながら温める。
2. グラスにWサクラソース(15g)を入れて、1を注ぐ。
3. 上から「さくらホイップ」を絞る。
4. 桜ダックワーズ、Wサクラクランチ、Wサクラソース(2g)、ミントの葉をトッピングする。

桜ブーケパフェ

| 使用商材 | 山眞産業「さくらホイップ」 | → 商材紹介は P.014 |

いちごと「さくらホイップ」を抹茶のクレープで巻いた、お菓子のブーケをトッピング。春らしい華やかな盛りつけが女性の目を惹く、フォトジェニックなパフェ。Wサクラソースや桜ダイスカットゼリーとともに、「さくらホイップ」をところどころに絞って桜づくしの一品に仕上げる。

【材料】1人分

- Wサクラソース…5g+6g
- 桜ダイスカットゼリー…50g
- バニラアイスクリーム…#16ディッシャー1個
- 無糖ヨーグルト…80g
- 「さくらホイップ」…15g+10g+8g
- いちご&抹茶ブーケ★…4個
- Wサクラクランチ…ひとつまみ
- ラグジュアリーシュガー(レモン)…適量

★ いちご&抹茶ブーケ（1個分）

抹茶クレープ（直径22cm 3〜4枚分）

1. ボウルに卵（L玉1個）を溶き、グラニュー糖（5g）を入れてよく混ぜる。
2. 薄力粉(50g)と抹茶パウダー(5g)をふるい合わせて1に混ぜ、溶かしバター(10g)と室温に戻した牛乳(150ml)を混ぜ、冷蔵庫で15分ほど休ませる。
3. 熱したフライパンにオリーブオイル(少々)を敷き、2を流して焼く。

抹茶クレープ(1枚)を横4等分に切り、1切れにさくらホイップ(8g)を絞って縦6等分に切ったいちご(1個分)を並べ、端から巻く。

【作り方】

1. パフェグラスにWサクラソース(5g)、桜ダイスカットゼリー、バニラアイスクリーム、ヨーグルトの順に入れる。
2. 「さくらホイップ」(15g)を、上からフタをするように絞る。
3. いちご&抹茶ブーケをのせ、「さくらホイップ」を中央に10g、いちご&抹茶ブーケの間に2gずつ計4ヶ所に絞り、Wサクラソース(6g)をかけ、Wサクラクランチとラグジュアリーシュガーをふる。

キラキラ・ブーケソフトクリーム

| 使用商材 | 日世「ブーケサブレ」 | → 商材紹介は P.015 |

日世「ブーケソフトクリーム」に、赤・紫・緑の錦玉かんをトッピング。季節の花「あじさい」をモチーフに、花束スタイルでまとめた。錦玉かんの涼しげな雰囲気や焼き物のゴブレットが、落ち着いた和の印象をかもし出し、ワンランク上のソフトクリームを演出する。

【錦玉かん 材料】

赤・紫（でき上がり 各200〜220g）
- 粉寒天…3g×2
- 水…120ml×2
- グラニュー糖…60g×2
- 食用色素（赤・紫）…添えスプーンで各3杯

緑（でき上がり約40枚）
- 粉寒天…1g
- 水…80ml
- グラニュー糖…40g
- 食用色素（緑）…添えスプーンで1/4杯

【錦玉かん 作り方】3色共通

1. 鍋に水と色素を入れ、さらに粉寒天を入れて火にかける。
2. 沸騰したら弱火にして1分加熱する。
3. 漉しながら容器に入れて固める。
4. 赤と紫は5mm角に切り、緑は水をつけた葉型で抜く。

【キラキラ・ブーケソフトクリーム 材料】1人分

- 日世「ブーケサブレ」…1個
- 日世「北海道ソフトクリーム」…100g前後
- 錦玉かん（緑・葉型）…2〜3枚
- 錦玉かん（赤）…15g
- 錦玉かん（紫）…10g

【キラキラ・ブーケソフトクリーム 作り方】

1. 花形の専用取出口が装着されたフリーザーを使い、「ブーケサブレ」にソフトクリームを盛り付ける。
2. 錦玉かんを彩りよく飾る。

フルーツ・ブーケソフトクリーム

| 使用商材 | 日世「ブーケサブレ」 | → 商材紹介は P.015 |

花形に型抜きした色とりどりのフルーツをトッピングし、日世「ブーケソフトクリーム」の形状を活かし、花束に見立てて盛り付けた。専用スタンドではなく、ぶどうを入れたグラスに差してイートインスタイルで提供。ぶどうを食べながらソフトクリームを味わえるお得感でも、女性客を訴求する。

【材料】1人分

- 日世「ブーケサブレ」…1個
- 日世「北海道ソフトクリーム」…100g 前後
- スイカ（花型）★…1個
- メロン（花型）★…1個
- パイン（花型）★…1個
- ぶどう（2種）…23粒くらい

★ 花型フルーツ

1. 花型で各フルーツを抜く。
2. 2の中央を丸型で抜く。
3. 花型フルーツの中央に、別の丸型フルーツをセットする。

組み合わせ例

小（直径2.5cm花型）パイン ＋（直径7mm丸型）スイカ
小（直径2.5cm花型）メロン ＋（直径7mm丸型）パイン
大（直径3.5cm花型）パイン ＋（直径1cm丸型）スイカ
大（直径3.5cm花型）スイカ ＋（直径1cm丸型）メロン
※青・ピンクのスティックにぶどうと花型フルーツを差す。

【作り方】

1. 花形の専用取出口が装着されたフリーザーを使い、「ブーケサブレ」にソフトクリームを盛り付ける。
2. グラスにぶどうを盛って1を入れ、花型フルーツを飾る。

チョコレート フレンチトースト

| 使用商材 | 東洋ベバレッジ「トラーニチョコレートモカソース」 | → 商材紹介は P.015 |

トッピングだけでなく、卵液にもチョコレートソースを活用した、チョコファンにはたまらないフレンチトースト。

【材料】1人分

卵液
- 卵（Lサイズ）…1個
- 上白糖…20g
- 牛乳…100ml
- トラーニチョコレートモカソース…30g

- 食パン（1斤4枚切り）…1枚
- ホイップクリーム…15g
- バニラアイスクリーム…♯18ディッシャー 1個
- アーモンドスライス…小さじ1
- トラーニチョコレートモカソース…10g
- チャービル…適量

【作り方】

1. ボウルに卵液の材料を入れて混ぜる。
2. 食パンの耳をカットして1に入れ、2時間以上浸す。
3. フライパンにバターを入れて熱し、2を焼く。焦げ目が付いたら裏返し、弱火で3〜4分こんがりと焼く。
4. 3を器に盛り、上からホイップクリームを絞り、バニラアイスクリームをのせる。アーモンドスライスを散らし、トラーニチョコレートモカソースをかけ、チャービルを飾る。

【おすすめポイント】

デザートにも使いやすい
トッピングとしてはもちろん、フレンチトーストの卵液にもスムーズに溶けるなど、使い勝手がいいですね。デザートメニューにも活躍しそうです。

バゲットグラタン燻製風味

| 使用商材 | エスビー食品「セレクトスパイス」燻製塩こしょう | → 商材紹介は P.016 |

カリフラワーとブロッコリーで2色のグラタンを作り、バゲットにのせてオーブンで焼く。身近な食材を使い盛り付けで豪華さを出し、パーティーメニューとしての提供を可能にした。乳製品と好相性の「燻製塩こしょう」を仕上げにふり、スモークの香りをアクセントにして贅沢感を出すのもポイント。

【材料】1皿分

カリフラワーとじゃがいも
- カリフラワー…155g
- じゃがいも…1個(123g)
- ベーコンブロック…30g
- 食塩不使用バター…5g
- 牛乳…80ml
- コンソメ…1.6g
- S&Bセレクトスパイス「燻製塩こしょう」…0.3g＋トッピング用
- シュレッドチーズ…15g＋15g
- レッドチェダーチーズ…10g

ブロッコリーとじゃがいも
- ブロッコリー…85g
- じゃがいも…1個(123g)
- ベーコンブロック…30g
- 食塩不使用バター…5g
- 牛乳…80ml
- コンソメ…1.6g
- S&Bセレクトスパイス「燻製塩こしょう」…0.3g＋トッピング用
- シュレッドチーズ…15g＋15g
- レッドチェダーチーズ…10g

仕上げ
- バゲット…長さ28cm1本
- チャービルまたはマーシュ…適量

【作り方】

1. カリフラワーとブロッコリーはそれぞれ小房に分け、塩少々(分量外)を加えた湯で軽く茹でる。

2. じゃがいもは1cm角に切って茹で、ベーコンは1cm角に切る。

3. 「カリフラワーとじゃがいも」を作る。フライパンにバターを入れて火にかけ、ベーコンを炒め、火が通ったらカリフラワーとじゃがいもを入れて炒める。

4. 牛乳とコンソメを加えて少々煮て、「燻製塩こしょう」で味を調え、シュレッドチーズ(15g)を加えて煮溶かす。※「ブロッコリーとじゃがいも」も手順3〜4と同様に作る。

5. バゲットを横半分に切ってアルミホイルで固定して天板に置き、2種類のグラタンをのせ、シュレッドチーズ(15g)とレッドチェダーチーズをかけて230℃のオーブンで6分焼成する。

6. 仕上げに「燻製塩こしょう」をふり、「カリフラワーとじゃがいも」にはチャービルを飾る。

豚肉のケイジャンカフェ丼

| 使用商材 | エスビー食品「セレクトスパイス」ケイジャンシーズニング | → 商材紹介は P.016 |

ケイジャン風味の豚肉ソテーを盛りつけた、スパイシーな丼メニュー。豚肉の味付けは「ケイジャンシーズニング」で完了。前夜に漬け込んで下味を付けておけば、翌日のランチはソテーするだけで素早く提供できる。紫玉ねぎのマリネとたっぷりの豆苗を組み合わせ、スパイスのきいた料理を食べやすくする工夫も。

【紫玉ねぎマリネ 材料】でき上がり153g

- 紫玉ねぎ…1/2個(約150g)
- マイユ 白ワインビネガー…30g
- S&Bセレクトスパイス「ピクルス用シーズニング」…15g
- 水…55g

【紫玉ねぎマリネ 作り方】

1. 紫玉ねぎを薄切りにし、ボウルに入れる。
2. その他の材料を加え、冷蔵庫に入れて15分ほど漬ける。

【豚肉のケイジャンカフェ丼 材料】1人分

- 豚ロース肉(とんかつ用)…1枚(約100g)
- A
  - S&Bセレクトスパイス「ケイジャンシーズニング」…2g
  - EXV.オリーブオイル…15g
  - おろし生にんにく…0.5g
- EXV.オリーブオイル…大さじ1
- ご飯…230g
- 豆苗…50g
- 紫玉ねぎマリネ…35g
- S&Bセレクトスパイス「七味唐辛子」…ひとつまみ

【豚肉のケイジャンカフェ丼 作り方】

1. 豚肉は筋切りして5等分に切り、ビニール袋に入れる。
2. Aを加えて少々もみ、15分ほど漬け込む。
3. フライパンにオリーブオイルを入れて熱し、2をソテーする。
4. 器にご飯を盛り、5cm長さに切った豆苗と3をのせ、紫玉ねぎのマリネを飾り、七味唐辛子をふる。

クレープピンチョス 2種

| 使用商材 | ハナマルキ「クレープ」 | → 商材紹介は P.016 |

彩りのよい具材をクレープで巻いた、前菜やおつまみにもなる2つの味のピンチョス。

【材料】1人分

- ハナマルキ クレープ (プレーン角 18)…1枚
- サラダほうれん草…8〜12枚
- サーモン…4枚
- クリームチーズ…30〜40g
- パプリカ (赤)…2g
- レモンスライス…1/10 枚
- ベーコン…2枚
- マッシュポテト…20〜30g
- 人参…4cm 長さ2本
- プチトマト…4粒
- ベビーリーフ…適量

【作り方】

1. クレープを縦4等分に切る。
2. パプリカは7mm角に切り、レモンスライスは十文字に4等分に切る。
3. 人参は太めのせん切りにし、ベーコンはソテーする。
4. 1の生地を2枚広げ、それぞれサラダほうれん草、サーモン、クリームチーズ、パプリカの順にのせて巻く。レモンとプチトマトをピックに刺し、巻いたクレープの上から刺す。
5. 1の残り2枚広げ、それぞれサラダほうれん草、ベーコン、マッシュポテト、人参の順にのせて巻く。プチトマトをピックに刺し、巻いたクレープの上から刺す。
6. 器に4と5を盛り、ベビーリーフを飾る。

【おすすめポイント】

焼き目模様が美しい
薄いのに生地自体がしっかりしていて、具材を巻いて使うときも破れにくいですね。クレープの焼き目もきれいなので、メニューが見映えよく仕上がります。

バリエーションが豊富
プレーンだけでなく、ピンクやグリーン、茶色があり、サイズや形状の種類も豊富。使用目的によって使い分けができ、メニューの幅も広がりそうです。

085

ふわふわアーモンドミルク山椒プリン

| 使用商材 | かんじゃ山椒園「手摘み臼挽き 粉山椒」 | → 商材紹介は P.017 |

アーモンドミルクをベースにホイップクリームを加えた、軽い口当たりとフワッとした食感を楽しませるプリン。生地に粉山椒を混ぜることで、すっきりとしたさわやかな香りが立ち、シンプルなプリンを印象深くする。ピリッとくる後味も心地よく、スイーツと山椒の好相性を感じさせる一品。

【材料】3個分

- 板ゼラチン…5g
- アーモンドミルク…160ml
- グラニュー糖…18g
- かんじゃ山椒園「手摘み臼挽き 粉山椒」…0.5g
- ホイップクリーム（7分立て）…140g
- かんじゃ山椒園「山椒ジャム」…適量

【作り方】

1. 板ゼラチンは水でふやかしておく。
2. 鍋にアーモンドミルクとグラニュー糖を入れて火にかける。
3. グラニュー糖が溶けたら火を消し、1を入れて溶かす。
4. 3を漉しながらボウルに移し入れ、「手摘み臼挽き 粉山椒」を加え混ぜる。
5. 4を氷水につけて、とろみがつくまで混ぜる。
6. ホイップクリームを加えて、ゴムべらでやさしく混ぜる。
7. 6をグラスに入れて冷蔵庫で冷やし固める。
8. 「山椒ジャム」をのせる。

仁淀川山椒&マンゴーのレアチーズケーキ

| 使用商材 | GABAN®「グルメミル 高知県産・仁淀川山椒入 14g瓶」 | → 商材紹介は P.017 |

濃厚なマンゴーの甘さと山椒の香りがマッチ。

【材料】直径6cm セルクル6個分

ジェノワーズ（直径15cm型1台分）
・卵…L玉2個
・上白糖…60g
・牛乳…20g
・食塩不使用バター…10g
・薄力粉…60g

マンゴークリームチーズ
・クリームチーズ…120g
・グラニュー糖…40g
・35％生クリーム…80ml
・オレンジキュラソー…大さじ1/2
・レモン汁…小さじ1/2
・板ゼラチン…5〜8g
・水…大さじ2
・冷凍マンゴー…180g
・GABAN®仁淀川山椒…1g

トッピング
・冷凍マンゴー
・マンゴーソース
・チャービル
・GABAN®仁淀川山椒
（ホールを水に浸して戻す）

【作り方】

1. ジェノワーズを作る。ボウルに卵を割りほぐし、上白糖を加えて湯煎にかけ、リボン状になるまでミキサーを回す。

2. 1にふるった薄力粉を混ぜる。

3. 牛乳とバターを湯煎にかけ、2を少し加えて混ぜてから2に戻し入れ、素早く混ぜる。

4. 3を型に流し、180℃のオーブンで15〜18分焼成する。冷めてから横2等分にスライスし、直径6cmのセルクルで抜く。

5. マンゴークリームチーズを作る。ボウルにクリームチーズとグラニュー糖を入れてすり混ぜ、生クリーム、オレンジキュラソー、レモン汁の順に加えてよく混ぜる。

6. 板ゼラチンと水を湯煎にかけ、5に加えて混ぜる。これを漉し、ミキサーにかけたマンゴーと仁淀川山椒を加えてよく混ぜる。

7. セルクルに4を1枚敷き、6を流し入れて冷蔵庫で2時間以上冷やす。

【おすすめポイント】

洋食にもよく合う
山椒は意外と洋食にもよく合います。たとえばミートソースに加えると肉の臭み消しにもなり、ほのかな辛味が効いた、大人の味わいのパスタが出来上がります。

トッピングにも利用可能
挽いて使うだけでなく、ホールのまま水で戻してトッピングに使うこともできます。淡い緑色が美しく、デザートの香りや彩りのアクセントとしても活躍します。

じゃがいもとタラコの
とろとろペンネグラタン

| 使用商材 | 日清フーズ「IQF（バラ凍結）No.41 Penne Rigate（ペンネリガーテ）」 | → 商材紹介は P.018 |

相性のよいじゃがいもとタラコ、さらにペンネを入れたボリュームたっぷりのグラタン。とろっとなめらかなチーズソースが、肉厚なペンネによくからむ。小さなココットで提供してもOK。

【材料】18 × 12 × 4cm グラタン皿2台分
- じゃがいも…1個(120g)
- 日清フーズ「MA・MA Nたらこソース」…40g
- 日清フーズ「IQF(バラ凍結)No.41 Penne Rigate(ペンネリガーテ)」…200g
- 食塩不使用バター…大さじ2
- 玉ねぎ(みじん切り)…54g
- アーモンドミルク10…300ml
- パルミジャーノチーズ…50g
- 塩…小さじ1/2
- シュレッドチーズ…50g
- 黒胡椒/イタリアンパセリ…各適量

【作り方】

1. じゃがいもは皮をむいて1.5cm幅の半月切りにし、竹串が通るまでゆでる。

2. 耐熱器の内側にオリーブオイル(分量外)をぬり、1を敷いてたらこソースをのせ、IQF(バラ凍結)No.41 Penne Rigate(ペンネリガーテ)を冷凍のままのせて広げる。

3. フライパンにバターを入れて火にかけ、玉ねぎのみじん切りを炒め、透き通ったらアーモンドミルクを加えてひと煮立ちさせる。

4. 3にパルミジャーノチーズと塩を加え、とろみがつくまで1～2分煮る。

5. 2に4を入れ、シュレッドチーズを全体にちらし、230℃のオーブンで7～8分焼成する。

6. 5に黒胡椒をふり、イタリアンパセリを飾る。

エッグベネディクト風ペンネの
パウンドケーキプレート

| 使用商材 | 日清フーズ「IQF（バラ凍結）No.41 Penne Rigate（ペンネリガーテ）」 → 商材紹介は P.018 |

クリームソースをからめたペンネを型にきっちり並べて焼く、パウンドケーキのような新発想メニュー。人気のエッグベネディクト風に、ポーチドエッグをからめながら食べる。ディップソースもつけて。

【材料】18×8×6cm バウンドケーキ型1台分

エッグベネディクト風ペンネのパウンドケーキ
- 合いびき肉…50g
- 玉ねぎ（みじん切り）…94g
- EXV.オリーブオイル…大さじ1〜2
- 日清フーズ「HQクリームソース」…200g
- コンソメ…6g
- 日清フーズ
  「IQF（バラ凍結）No.41 Penne Rigate（ペンネリガーテ）」
  …220g（85本）
- シュレッドチーズ…40g

つけ合わせ（1人分）
- ポーチドエッグ…1個
- 黒胡椒…少々
- サラダ
  サニーレタス/イタリアンパセリ/人参など…40g
  ミニトマト…2個
  イタリアンパセリ…適量
- ディップソース
  POPSOスパイスオイル…5g
  マヨネーズ…15g
  トマトケチャップ…3g

【作り方】

1. フライパンにオリーブオイルを入れて中火にかけ、合いびき肉と玉ねぎのみじん切りを入れて炒める。
2. 挽き肉がパラパラになったら、クリームソースとコンソメを加えて混ぜる。
3. 2にIQF（バラ凍結）No.41 Penne Rigate（ペンネリガーテ）を冷凍のまま入れ、シュレッドチーズも加えて混ぜる。
4. パウンド型にパラフィン紙を敷き、3のペンネを方向を揃えてきっちり詰める。
5. 4の上から残りのソースをかけ、200℃のオーブンで20〜25分焼成する。
6. 粗熱がとれたら型から出し、4等分に切る。
7. 器に6を2カット盛り、手前にポーチドエッグをのせて黒胡椒をふり、サラダとミニトマトを添えて、イタリアンパセリを飾る。ディップソースの材料を混ぜて添える。

バジルとトマトの冷たいサラダパスタ

| 使用商材 | ニューオークボ「生パスタ」 | → 商材紹介は P.018 |

バジルが香る、夏らしい爽やかパスタ。

【材料】1人分

- ニューオークボ 生サラダスパゲティ…130g
- ジェノバペースト…30g
- EXV.オリーブオイル…大さじ1
- トマトソース…60ml
- プチトマト…2個
- 生ハム…1/2枚
- フレッシュバジル/塩/黒胡椒…各適量

【作り方】

1. たっぷりの熱湯に生サラダスパゲティを入れ、3分間茹でる。
2. 1をザルにとって氷水で冷やし、しっかり水切りする。
3. 2をボウルに入れ、ジェノバペーストとオリーブオイルを加えて和え、塩、黒胡椒で味を調える。
4. 器にトマトソースを敷いて3を山高く盛り、まわりに4等分にカットしたプチトマトを飾る。スパゲティーの上に生ハムとバジルをトッピングする。

【おすすめポイント】

茹で時間は約3分
わずか3分で茹でられる。これならカフェでも茹で上げを提供できますね。パスタに塩が練り込まれているので、塩を入れて茹でる必要がないのもうれしい。

ソースがよくなじむ
乾麺と比較して、ソースがなじみやすいようです。フライパンであおる必要がなく、和えるだけで簡単においしく調理できるのは便利。

コラーゲンたっぷり冷たいサラダパスタ

| 使用商材 | ニューオークボ「生パスタ」 | → 商材紹介は P.018 |

具材をたっぷりのせたサラダ感覚のパスタ。

【材料】1人分

- ニューオークボ 生サラダスパゲティ…130g
- A
  - 刻みパセリ…0.5g
  - ガーリックオイル…20ml
  - 昆布茶パウダー…0.3g
  - ミックスサラダ…60g
- B
  - ゆで玉子…3カット
  - 赤パプリカ…3カット
  - サーモン…2枚
  - レモンゼリー…大さじ1
- マヨネーズ…20g
- バルサミコソース…13g
- 塩/黒胡椒…各適量

【作り方】

1. 「バジルとトマトの冷たいサラダパスタ」と同じ要領でスパゲティーを茹でて冷やす。
2. 1を水切りしてボウルに入れ、Aを加えて和え、塩、黒胡椒で味を調える。
3. 器に2を盛り、スパゲティーを覆うようにミックスサラダを山高く盛る。
4. 上からBをトッピングし、マヨネーズとバルサミコソースをかける。

【おすすめポイント】

茹で時間は約3分
わずか3分で茹でられる。これならカフェでも茹で上げを提供できますね。パスタに塩が練り込まれているので、塩を入れて茹でる必要がないのもうれしい。

ソースがよくなじむ
乾麺と比較して、ソースがなじみやすいようです。フライパンであおる必要がなく、和えるだけで簡単においしく調理できるのは便利。

ポルチーニ茸のトルテッリと
豚肉のクリーム煮

| 使用商材 | ラ・スフォリーナ「冷凍詰め物パスタ」 | → 商材紹介は P.019 |

豚肉とかぶの煮込みに詰め物パスタをプラスした、コクのある冬場向けメニュー。クリーム系ソースと相性のよいポルチーニ茸を詰めたパスタを使い、贅沢な味わいを出した。

【材料】2人分

- 豚バラ肉（ブロック）…250〜270g
- 塩/黒胡椒…各適量
- かぶ…3個
- 玉ねぎ…1/4個
- EXV.オリーブオイル…大さじ1〜2
- 薄力粉…大さじ1
- 白ワイン…大さじ2
- 水…200〜250ml
- ローリエ…1枚
- 35%生クリーム…60〜80ml
- ラ・スフォリーナ「冷凍トルテッリ・アイ・フンギ&ポルチーニ」…16個
- イタリアンパセリ…適量
- ガーリックトースト★…6〜8カット

★ ガーリックトースト
バゲット（25〜30cm長さ）を乱切りにし、EXV.オリーブオイル…（46g）、にんにくのみじん切り（…5g）、パセリのみじん切り（…3g）を合わせたものをかけ、オーブンまたはオーブントースターで焼く。

【作り方】

1. 豚肉は2cm幅に切ってから3等分に切り、塩、黒胡椒をふって5分置く。
2. かぶは皮をむいて4〜6等分のくし切りにし、玉ねぎは薄切りにする。
3. フライパンにオリーブオイルを入れて火にかけ、1を並べて焼く。
4. 焼き色がついたら玉ねぎを入れ、全体に油がまわったところで薄力粉をふるい入れてさっと混ぜる。
5. かぶと白ワインを入れてひと煮立ちさせ、水とローリエを加え、フタをして5分煮る。
6. 鍋に湯を沸かし、冷凍トルテッリ・アイ・フンギ&ポルチーニを3分茹でる。
7. 5のかぶがやわらかくなったら生クリームを加えて混ぜ、6を入れてからめ、塩で味を調える。
8. 器に盛りつけてイタリアンパセリを飾り、ガーリックトーストを添える。

たまご&オリーブのサンドイッチ

| 使用商材 | 讃陽食品工業「S=Oライプオリーブ」 | → 商材紹介は P.019 |

卵の黄身と白身で別々に作った2色のたまごサラダに加え、オリーブを具材としてはさんだサンドイッチ。
コクのあるオリーブが、卵のやさしい味と色合いを引き立ててくれる。

【材料】1皿分

たまごサラダ
- ゆで卵 …2個
- マヨネーズ …大さじ2
- パセリのみじん切り… 4g
- 食パン（8枚切り）…2枚
- S=O スライスライプオリーブ …11カット
- スライスチーズ…1枚
- ベーコン…1枚
- 粒マスタード …小さじ2弱
- パセリ… 適量

【作り方】

1. ゆで卵を黄身と白身に分け、それぞれ粗みじん切りにする。
2. 1の黄身にマヨネーズを和え、白身にはパセリのみじん切りを混ぜる。
3. 食パン1枚にスライスチーズ、ベーコンの順にのせ、もう1枚には粒マスタードを塗り、それぞれトースターで焼く。
4. スライスチーズとベーコンがのった食パンの上に、黄身＋マヨネーズをのせ、スライスライプオリーブを切ったときに断面が出る中央を中心に並べる。
5. 4の上に白身＋パセリをのせる。
6. 粒マスタードを塗った食パンを5に重ねておさえ、包丁で半分に切る。
7. 6にワックスペーパーを巻いて器に盛り、パセリを飾る。

大人のコクまろミルクセーキ

| 使用商材 | アキタフーズ「きよら グルメ仕立て」 | → 商材紹介は P.020 |

「きよら グルメ仕立て」のコクと旨味を最大限に活かした、ワンランク上のドリンク。濃厚で粘度のある黄身でまろやかさを出し、大人を魅了するミルクセーキに仕上がる。黒糖のコクのある甘さとも相性がよく、しっかり混ぜて飲めばプリンのようなおいしさに。鮮やかなオレンジの黄身色で訴求力もアップ。

【材料】1人分

- 卵（きよら グルメ仕立て）…1個
- 卵黄（きよら グルメ仕立て）…1個分
- 牛乳…140ml
- 35％生クリーム…25ml
- シュガーシロップ…10g
- 氷…5個
- 黒糖シロップ…10g
- ミントの葉…適量

【作り方】

1 ミキサーに卵、卵黄、牛乳、生クリーム、シュガーシロップを入れる。

2 なめらかになるまで撹拌する。

3 グラスに黒糖シロップを入れ、氷を入れる。

4 2をスプーンで受けながら静かに注ぎ入れる。

5 ミントの葉を飾る。

わさびマドレーヌのサンドイッチ

| 使用商材 | カネク「シャキシャキわさび」 | → 商材紹介は P.020 |

焦がしバターで香りとコクを高めたマドレーヌに、刻みわさびをブレンド。ほのかなわさびの風味と食感で、新鮮な味わいを打ち出した。チーズクリームをはさめば、デザート風の一皿に。

【わさびマドレーヌ 材料】直径 6.2cm マドレーヌ型 15 個分

- 食塩不使用バター…110g
- 卵白…130g
- グラニュー糖…110g
- A [・はちみつ…20g
       ・35%生クリーム…10g]
- B [・薄力粉…70g、
       ・アーモンドパウダー…65g・自然塩…ひとつまみ]
- カネク「シャキシャキわさび」… 6g
- ピスタチオ（ロースト）…20g

【わさびマドレーヌ 作り方】

1. 鍋にバターを入れて火にかけ、焦がしバターを作り、漉しておく。
2. ボウルに卵白とグラニュー糖を入れて泡立て、メレンゲを作る。
3. 2に1を少しずつ流し入れながら、ツヤが出るまで混ぜる。
4. Aを合わせたものを3に入れて混ぜ、ふるったBと塩も加えてゴムべらで切るように混ぜる。
5. 4が完全に混ざり切らない状態で、シャキシャキわさびと細かく刻んだピスタチオを入れてさっくりと混ぜ、冷蔵庫で1〜3時間休ませる。
6. 型に薄くバターを塗って粉をふり（ともに分量外）、5を絞り袋に入れて絞る。
7. 200℃のオーブンで12〜13分焼成する。

【わさびマドレーヌのサンドイッチ 材料】2個分

- クリームチーズ…60g
- はちみつ…小さじ1
- ホイップクリーム…20g
- わさびマドレーヌ…2個
- ドライフルーツ/粉糖…各適量

【わさびマドレーヌのサンドイッチ 作り方】

1. ボウルにクリームチーズ、はちみつ、ホイップクリームを入れて混ぜる。
2. わさびマドレーヌで1をサンドし、ドライフルーツを飾って粉糖をふる。

マッシュルームのビスコッティ

| 使用商材 | ワキュウトレーディング「マッシュルーム」 | → 商材紹介は P.021 |

イタリアの郷土菓子「ビスコッティ」をおつまみにアレンジ。炒めたマッシュルームやナッツなどを生地に混ぜて香ばしく焼き上げ、軽食スタイルに仕上げた。ベーコンやチーズの塩気、マカデミアナッツの歯触りがほどよいアクセントになり、カリッとした小気味よい食感で酒をすすませる。

【材料】1皿分

- 「ホワイトマッシュルーム」…2個
- 「ブラウンマッシュルーム」…2個
- ベーコン（ブロック）…20g
- EXV.オリーブオイル…適量
- にんにく（みじん切り）…3g
- 卵（L玉・室温に戻す）…1個
- マカデミアナッツオイル…20g
- 無糖ヨーグルト（室温に戻す）…15g
- A [・薄力粉…100g
      ・ベーキングパウダー…小さじ1/3(1.3g)]
- B [・マカデミアナッツ…30g
      ・パルミジャーノチーズ…40g]
- 黒胡椒…適量
- マカデミアナッツオイル（仕上げ用）…適量
- パルミジャーノチーズ（トッピング用）…5g

【作り方】

1. ホワイト・ブラウンマッシュルームはそれぞれ放射状に16等分に切る。ベーコンは1.5cm幅に切った後、7mm角に切る。
2. フライパンにオリーブオイルとにんにくを入れて火にかけ、1を入れてしんなりするまで炒め、冷ましておく。
3. ボウルに卵を溶きほぐし、マカデミアナッツオイルを加えてよく混ぜ、ヨーグルトを加えてなじませる。
4. 3にふるったAを入れて切るように混ぜ、完全に混ざる前に、2、B、黒胡椒を入れて手早く混ぜる。
5. 長さ20cm・幅7〜8cmの俵型に成形して天板に並べ、表面にマカデミアナッツオイルをハケで塗り、パルミジャーノチーズをふる。
6. 170℃のオーブンで25分焼成して9等分に切り、切り口を上にして天板に並べ、150℃のオーブンで約10分、裏返して約10分焼成する。

山盛りマッシュルームのポタージュスープ

| 使用商材 | ワキュウトレーディング「マッシュルーム」 | → 商材紹介は P.021 |

マッシュルームポタージュに生のマッシュルームスライスを山盛りにのせ、食べながら飲めるようにした一品。スープと生の両方でマッシュルームを味わうことができる。旨味とともに生食ならではの芳醇な香りや繊細な食感が楽しめる贅沢な組み合わせ、さらにインスタ映えする盛りつけも魅力。

【材料】1人分

- 「ホワイトマッシュルーム」…8個（約120g）
- 玉ねぎ…25g
- A [・食パン…15g
      ・牛乳…25ml]
- 食塩不使用バター…15g
- チキンスープ…250g
  （湯300mlにチキンブイヨン7gを溶かす）
- 35％生クリーム…50ml
- 牛乳…100ml
- きのこ型トースト★…3個
- 「ホワイトマッシュルーム」（トッピング用）…2個
- 「ブラウンマッシュルーム」（トッピング用）…2個
- チャービル…適量

★ きのこ型トースト
8枚切り食パンをきのこ型で抜き、180℃のオーブンで6分焼く。

【作り方】

1. ホワイトマッシュルームはスライスし、玉ねぎはみじん切りにする。
2. Aの食パンを牛乳につけてやわらかくしておく。
3. フライパンにバターを入れて火にかけ、1を入れてマッシュルームがしんなりするまで炒める。
4. チキンスープを注ぎ、フタをして10分ほど煮る。
5. 汁気が少なくなったら2を加えて2分ほど加熱し、バットに移して冷ます。
6. 5、生クリーム、牛乳をミキサーで撹拌し、鍋に移して火にかけ温める。
7. カップに注ぎ、ホワイト・ブラウンのマッシュルームをそれぞれ薄くスライスして山盛りにのせ、きのこ型トーストを添えてチャービルを飾る。

ギガマッシュルームのポテトグラタン

| 使用商材 | ワキュウトレーディング「マッシュルーム」 | → 商材紹介は P.021 |

マッシュルームを器にした新発想のグラタン。大きいだけでなく旨味や香りも強い「ギガマッシュルーム」の魅力をフルに活かして作る。太い軸もせん切りにし、グラタンの具材に利用。別添えの卵黄をかけるとまろやかさが加わり、おいしさがアップする。切り分けて食べられるので、パーティーメニューにもおすすめ。

【材料】1皿分

ポテトクリーム
- じゃがいも…150g
- 35%生クリーム…80ml
- 塩/黒胡椒…各適量

- 「ギガマッシュルーム」…1個
- EXV.オリーブオイル…適量
- ソーセージ…3本(88g)
- ペンネ…60g
- シュレッドチーズ…40g
- ベビーリーフ…適量
- 黒胡椒…適量
- 卵黄…1個分

【作り方】

1. ポテトクリームを作る。じゃがいもを皮ごとラップで包んで電子レンジで5分加熱し(水から茹でても可)、熱いうちにつぶして生クリームを合わせ、塩、黒胡椒で味を調える。

2. ギガマッシュルームは軸を切り落とし、軸(30g)をせん切りにする。

3. フライパンにオリーブオイルを入れて火にかけ、1本を6等分に切ったソーセージと2の軸を入れて炒める。

4. 1に3と茹でたペンネを合わせる。

5. 2にオリーブオイルをハケで塗り、かさの裏側に4を山盛りにのせ、シュレッドチーズをちらして180℃のオーブンで15〜20分焼成する。

6. 器に盛ってベビーリーフを飾り、黒胡椒をふって卵黄を添える。

シーザーサラダ風カンパーニュサンド
にんじんのマリネサラダ添え

| 使用商材 | スプレッド「ベジタス フリルレタス」 | → 商材紹介は P.021 |

サラダを丸ごとパンで挟んだような、ヘルシー感の高いサンドイッチ。たっぷりのレタスにコクのあるシーザーサラダドレッシングをかけて、食べ応えのある一品に。

【材料】2人分

シーザーサラダ風カンパーニュサンド
・ベジタス フリルレタス…1袋
・パン・ド・カンパーニュ 23cm…1本
・ハーブアンチョビ入りマーガリン…大さじ2
・パルミジャーノチーズ…5g
・シーザー風ドレッシング★…小さじ2
・黒胡椒…少々

★シーザー風ドレッシング
刻んだアンチョビフィレ(1枚)、マヨネーズ(60g)、パルミジャーノチーズ(小さじ1/2)、牛乳(25ml)、35%生クリーム(小さじ1/2)、レモン汁(少々)をボウルに入れて混ぜ合わせる。

【シーザーサラダ風カンパーニュサンド 作り方】

1. フリルレタスは一口大の正方形になるよう切る。
2. パン・ド・カンパーニュを横半分に切り、下になる方の断面にハーブアンチョビ入りマーガリンを塗る。
3. 2の上に1をこんもりと盛る。
4. 薄くスライスしたパルミジャーノチーズとシーザー風ドレッシングをかけ、黒胡椒をふる。

【にんじんのマリネサラダ 作り方】でき上がり112g

1. にんじん(約1本)はピーラーで2cm幅のリボン状に削り、塩少々をまぶして5分置き、水気を絞る。
2. ボウルにマリネ液の材料(酢 小さじ2、上白糖 小さじ1、EXV.オリーブオイル 小さじ1)をすべて入れて混ぜ合わせる。
3. 2に1を入れ、黒胡椒 とパセリのみじん切り(各少々)、レモンスライス(2枚を4等分にカット)を加えて混ぜ、冷蔵庫に30〜40分入れる。

ふわふわシフォン de マカデミア

| 使用商材 | ニダフジャパン「マカデミアピュアオイル」 | → 商材紹介は P.022 |

シフォンケーキの生地をパウンド型に流して焼き、いちごクリームを絞り入れた。生地にマカデミアオイルを入れることで、ふんわりしてやさしい味わいに。クリームに旬のフルーツソースを使えば、季節感も出せる。

【材料】

マカデミアのシフォンケーキ（18cm×8cm×高さ6cmパウンド型1台分）
- 卵黄(L玉)…2個分
- グラニュー糖…25g
- ニダフジャパン「マカデミアピュアオイル」…20g
- 水…20ml
- バニラビーンズペースト…2g
- A [・薄力粉…50g
      ・ベーキングパウダー…1g]

メレンゲ
- 卵白(L玉)…2個分
- グラニュー糖…20g

★いちごのホイップクリーム
35%生クリーム(100g)を少々泡立て、いちごソース(40g)を加えて八分立てにする。

- いちごのホイップクリーム★…131g

盛りつけ（1人分）
- マカデミアのシフォンケーキ…2切れ（3cm幅）
- いちごのホイップクリーム…6g×2
- いちご…2個
- キウイ…1スライス
- ミントの葉/粉糖…各適量

【作り方】

1. ボウルに卵黄とグラニュー糖を入れ、泡立て器で白くもったりするまですり混ぜる。
2. マカデミアピュアオイル、水、バニラビーンズペーストを順に入れ、そのつど混ぜる。
3. 2にふるい合わせたAを入れて混ぜる。
4. 別のボウルにメレンゲの材料を入れて泡立てる。
5. 3に4のメレンゲの半量を入れてゴムべらで切るように混ぜ、さらに、残りのメレンゲの半量を入れて切るように混ぜる。
6. 最後に残ったメレンゲの入っているボウルに5を入れ、切るように混ぜる。
7. 敷紙を敷いた型に6を流し入れ、170℃のオーブンで約28分焼成する。
8. 焼成後、型に入ったまま網の上に10分ほど置いて粗熱をとり、型からはずして網の上で完全に冷ます。
9. 8の横面の中心に左右からストローを刺して穴をあけ、絞り袋に入れたいちごのホイップクリームを左右から絞り入れ、冷蔵庫で30分以上冷やす。

※手順2のボトルは取材時のもの。現在はP.22のボトルとなります。

【盛りつけ】

器にマカデミアのシフォンケーキを盛り、いちごのホイップクリームを2ヶ所に絞り、いちごとキウイ、ミントの葉を飾って粉糖をふる。

さっぱりスムージー マカデミーア

| 使用商材 | ニダフジャパン「マカデミアピュアオイル」 | → 商材紹介は P.022 |

ほうれん草やバジルなど葉物をベースに、柑橘果汁でさわやかな酸味と香りをプラス。ヨーグルトも組み合わせて飲みやすくした。暑い日のクールダウンにおすすめのヘルシーな一杯。

【材料】1人分

- ほうれん草…61g
- A
  - バジル…1枝(5g)
  - ミント…1枝(0.2g)
  - きゅうり…50g
  - レモン汁…15g
  - ライム汁…9g
  - しょうが(すりおろし)…1g
  - コーンフロスティ…15g
  - 氷…40g
  - ニダフジャパン「マカデミアピュアオイル」…5g
- 無糖ヨーグルト…120g
- レモンスライス…1枚

トッピング
- コーンフロスティ…3g
- ライムスライス…1枚

【作り方】

1. ほうれん草は茹でて適当な長さに切り、冷凍庫で凍らせておく。
2. ブレンダーに1とAを入れ、なめらかになるまで撹拌する。
3. グラスに2を36g注ぎ、ヨーグルトを静かにのせる。
4. レモンスライスを4等分に切ってグラスの内側に貼りつけ、残りの2を注ぐ。
5. コーンフロスティとライムをトッピングする。

※手順2のボトルは取材時のもの。現在はP.22のボトルとなります。

WチーズケーキとWトマトの デザートプレート

| 使用商材 | 雪印メグミルク「クリームチーズ」 | → 商材紹介は P.022 |

ベイクドチーズケーキの上にレアチーズケーキを重ね、2つの味が楽しめるようにした贅沢な一品。クリームチーズと相性抜群のトマトスイーツを組み合わせて、おしゃれなデザートに。

【Wチーズケーキ 材料】直径15cm 丸型1台分

ベイクドチーズケーキ
- 雪印メグミルク
  「クリームチーズ ネージュ」…100g
- プレーンヨーグルト
  （水切りしたもの）…90g
- グラニュー糖 …30g
- 卵黄… 1個分
- 薄力粉… 15g
- 生クリーム …40g
- レモン汁… 5g
- グラノラ …45g

レアチーズケーキ
- 雪印メグミルク
  「フレッシュクリームチーズ」…100g
- グラニュー糖 …40g
- サワークリーム… 70g
- 生クリーム… 90g
- オレンジキュラソー/レモン汁
  …各小さじ1
- 板ゼラチン…4g
- 牛乳…50g

盛りつけ(1人分)
- Wチーズケーキ…1/8切れ
- ドライトマトコンポート★…30g
- グラノラ…5g
- トマトジェラート
  …#18ディッシャー1個
- ミニトマト(赤・黄)…各1個
- バニラビーンズペースト…4g
- ミントの葉…適量

★ドライトマトコンポート
鍋に水（200ml）とグラニュー糖（100g）を火にかけ、ドライトマト（150g）を入れてほどよい硬さになるまで煮て、仕上げにバニラビーンズペースト（12g）を加える。

【Wチーズケーキ 作り方】ベイクドチーズケーキ

1. ボウルにクリームチーズを入れてゴムベラでなめらかにし、水切りしたヨーグルトとグラニュー糖を混ぜ、卵黄を混ぜる。
2. 1にふるった薄力粉を混ぜ、生クリーム、レモン汁の順に加えてなめらかな状態に混ぜる。
3. 丸型の底にグラノラを敷いて2を流し、160℃のオーブンで20分、180℃で20分焼成する。

【Wチーズケーキ 作り方】レアチーズケーキ

1. ボウルにクリームチーズを入れてゴムベラでなめらかにし、グラニュー糖、サワークリームの順に混ぜる。
2. 1に生クリームを2回に分けて加え混ぜ、オレンジキュラソーとレモン汁を混ぜる。
3. 別のボウルに牛乳、水で戻した板ゼラチンを入れ、湯煎にかけて溶かし混ぜた後、氷水にあててとろみがつくまで混ぜる。
4. 3をベイクドチーズケーキの上に流し、冷蔵庫で3時間以上冷やす。

【盛りつけ】

1/8切れのWチーズケーキを器の右上に盛り、上にドライトマトコンポートをのせる。手前左にグラノラとトマトジェラートをのせ、ミントの葉を飾る。赤と黄のミニトマトを横半分にカットして交互に重ねて盛り、バニラビーンズペーストををかける。

ポップオーバーのカフェ風チーズグラタン

| 使用商材 | 丸源飲料工業「ハーダースTUFホワイトチーズソース」「ハーダースTUFチーズソース」 | → 商材紹介は P.023 |

シュー皮にも似たアメリカのデニッシュ「ポップオーバー」に、濃厚なチーズソースで作るグラタンを組み合わせた、オーブンいらずの一品。

【ホワイトチーズソース 材料】出来上がり量1000g

- ハーダースTUFホワイトチーズソース…1袋(200g)
- 湯…800ml

【ホワイトチーズソース 作り方】

1. ボウルに70〜80℃の湯を入れ、泡立て器で混ぜながらハーダースTUFホワイトチーズソースを少しずつ加える。
2. 1分ほど撹拌し、均一に混ざってなめらかな状態になれば完成。

【ポップオーバーのカフェ風チーズグラタン 材料】1人分

- 人参…30g
- グリーンアスパラガス…2本
- 鶏ムネ肉…1/2〜1/3枚
- 塩/黒胡椒…各適量
- ガーリックオイル…大さじ1〜2
- ホワイトチーズソース…80〜100g
- モッツァレラチーズ…20g
- ポップオーバー…1個
- パルメザンチーズ…大さじ1/2
- ミニトマト…3個

【ポップオーバーのカフェ風チーズグラタン 作り方】

1. 人参は花型にくり抜いて残りは細かく切り、グリーンアスパラガスははかまを落として斜め3等分に切り、それぞれ下茹でする。
2. 鶏ムネ肉は大きめの一口大に切って塩と黒胡椒を振り、ガーリックオイルでソテーする。
3. 鍋にホワイトチーズソース、2、1の細かく切った人参を入れ、弱火で混ぜながら温め、塩と黒胡椒で味を調える。
4. 火を消し、一口大に切ったモッツァレラチーズを入れて混ぜる。
5. ポップオーバーを横半分に切り、底になる方を器に置いて4をかけ、フタになる方をかぶせる。1の花型人参とアスパラガスを飾ってパルメザンチーズを振り、ミニトマトを添える。

海老とクリーミーチーズカフェ風うどん

| 使用商材 | 丸源飲料工業「ハーダースTUFホワイトチーズソース」「ハーダースTUFチーズソース」 | → 商材紹介は P.023 |

おしゃれな冷やしサラダうどん。チーズソースにアーモンドミルクを混ぜた白いドレッシング風のソースは、うどんと生野菜にマッチ。

【ホワイトチーズソース 材料】出来上がり量 1000g

- ハーダースTUFホワイトチーズソース…1袋（200g）
- 湯…800ml

【ホワイトチーズソース 作り方】

1. ボウルに70〜80℃の湯を入れ、泡立て器で混ぜながらハーダースTUFホワイトチーズソースを少しずつ加える。
2. 1分ほど撹拌し、均一に混ざってなめらかな状態になれば完成。

【海老とクリーミーチーズカフェ風うどん 材料】1人分

- クリーミーチーズソース…195ml
  （ホワイトチーズソース…45ml、アーモンドミルク10…150ml）
- バナメイエビ…4尾
- レタス…2枚
- きゅうり…1/3〜1/2本
- トマト…30g
- うどん（茹で）…260g
- くるみ…2個
- イタリアンパセリ…適量
- アーモンド…1粒
- カレー粉…適量

【海老とクリーミーチーズカフェ風うどん 作り方】

1. ホワイトチーズソースにアーモンドミルク10を加えて泡立て器で混ぜ、クリーミーチーズソースを作る。
2. エビは茹でる。レタスときゅうりは細切りにし、トマトは角切りにする。
3. 大きな鍋に湯（麺重量に対して8〜10倍量）を沸かして生うどんを入れ、軽く混ぜながら規定の時間茹でる。茹で上がったら流水で一気に冷やし、よくもみ洗いをして麺を引き締め、ザルに上げて水気を切る。
4. 器にレタスを少々敷いて3を盛り、残りのレタス、きゅうり、トマト、エビ、くるみ、イタリアンパセリをトッピングし、刻みアーモンドを振る。
5. 別の器に入れた1とカレー粉を4に添えて提供。1をかけて食べてもらい、途中でカレー粉を加えて1品で2つの味を楽しんでもらう。

カフェ風ドライカレーマフィン

| 使用商材 | マスコット「印度の味 カレーペースト 中辛」 | → 商材紹介は P.023 |

スパイシーなドライカレーをフィリングにしたマフィン。しっとりしたマフィン生地にもほんのりカレーの風味をきかせ、ドライカレーとなじみやすくした。ランチメニューにもおすすめ。

【ドライカレー 材料】出来上がり量230g

- 合い挽き肉…130g
- EXV.オリーブオイル…大さじ1～2
- ミニトマト…5個
- パルミジャーノチーズ…6g
- マスコット「印度の味 カレーペースト」…60g
- 水…50ml
- ウスターソース…大さじ1～2
- 塩/黒胡椒…各適量

【ドライカレー 作り方】

1. フライパンにオリーブオイルを入れて火をつけ、挽き肉を炒める。
2. へたを取ってつぶしたミニトマト、パルメジャーノチーズ、水で溶いた「印度の味 カレーペースト」、ウスターソースを入れて混ぜ、塩と黒胡椒で味を調える。

【カフェ風ドライカレーマフィン 材料】直径7cm マフィン型 10個分

- 食塩不使用バター…100g
- 上白糖…50g
- 全卵(L玉)…2個
- A ┌ 薄力粉…250g
    └ ベーキングパウダー…6g
- アーモンドミルク…100ml
- マスコット「印度の味 カレーペースト」…小さじ1
- 塩…1g
- ドライカレー…230g
- ピーマン…10g
- パプリカ(赤)…10g

つけ合わせ(1人分)
- サニーレタス…1枚
- ミニトマト…1個

【カフェ風ドライカレーマフィン 作り方】

1. 常温に戻したバターと上白糖をボウル入れてすり混ぜる。
2. 卵を溶きほぐして1に少しずつ加え、そのつどよく混ぜる。
3. Aをふるい合わせ、2に少量加えてゴムべらで混ぜる。
4. アーモンドミルクと「印度の味 カレーペースト」を混ぜたものを入れ、さらに残りのAと塩も入れて、さっくりと混ぜる。
5. マフィン型にパラフィン紙を敷き、#20ディッシャーで4を入れ、その上にドライカレーを各15gのせる。
6. 5mm角に切ったピーマンとパプリカをちらし、さらに#20ディッシャーで4をのせる。
7. 180℃のオーブンで約20分焼成。パラフィン紙をはずして器に盛り、サニーレタスとミニトマトを添える。

1食分のお野菜がとれる
カフェ風カレーライス

| 使用商材 | マスコット「印度の味 カレーペースト 中辛」 | → 商材紹介は P.023 |

多種類の野菜のみを具材に、本格インドカレーペーストをベースに作ったカレーライス。星型ご飯や花に見立てたミニトマトで、女性が喜ぶフォトジェニックな盛りつけに。

【材料】1人分

お野菜カレー（でき上がり量350g）
- イタリアングリル野菜のミックス…175g
- EXV.オリーブオイル…大さじ1
- しょうがとにんにくのみじん切り…各小さじ1/2
- マスコット「印度の味 カレーペースト」…60g
- アーモンドミルク…200ml
- 白ワイン…少々
- 醤油…適量

盛りつけ（1人分）
- 白飯…170g
- 黒胡椒…適量
- ミニトマト…1個
- バジル…2枚
- イタリアンパセリ（みじん切り）…2つまみ
- お野菜カレー…290g

【作り方】

1. フライパンにオリーブオイル、しょうがとにんにくのみじん切りを入れて火にかけ、香りが出たらグリル野菜のミックスを入れて炒める。
2. 「印度の味 カレーペースト」を入れ、野菜になじませる。
3. アーモンドミルクを注ぎ入れ、とろみが出るまで煮込む。
4. 白ワインと醤油を加えて味を調える。

【盛りつけ】

1. 白飯を星型（幅8cm×高さ4cm）で抜いて器の中央にのせ、黒胡椒をふり、十文字に切り目を入れて開いたミニトマトとバジルを飾る。
2. まわりにお野菜カレーを盛り、イタリアンパセリのみじん切りをふる。

アーモンドミルクココ・グリーンカレープレート

| 使用商材 | 富士食品工業「タイ料理の素」 | → 商材紹介は P.024 |

ココナッツミルクの代わりにアーモンドミルクを使ってさっぱり味に仕上げた、だれでも食べやすいグリーンカレー。レーズンを混ぜた型抜きライスを添え、カフェスタイルにアレンジ。

【材料】3人分

- 冷凍エビ(大)…4尾
- 鶏ムネ肉…200g
- なす(大)…1本
- 玉ねぎ(小)…1個
- A
  - EXV.オリーブオイル…大さじ3
  - ニンニク(薄切り)…1片分
  - 生姜(細切り)…小さじ2
- タイ料理の素 グリーンカレー味…20g〜
- 塩/黒胡椒…各適量
- B
  - 水…200ml
  - 鶏ガラスープの素…小さじ1 1/2
  - 上白糖…大さじ1
- アーモンドミルク…200ml
- 35%生クリーム…大さじ1
- バジルペースト…小さじ2
- イタリアンパセリ(またはパクチー、三つ葉など)…適量
- ココナッツオイル…適量
- ごはん…130g×3
- ドライレーズン…大さじ1×3

【作り方】

1. エビは尾を残して殻をむき、背わたを取る。鶏ムネ肉は1.5cm角に切る。なすは幅8mmの半月切りにして水にさらす。玉ねぎは薄切りにする。
2. 熱したフライパンでなすを炒め、バットに移しておく。
3. 2のフライパンにAを入れて火にかけ、香りが出たら玉ねぎを炒め、油がまわったところで、タイ料理の素 グリーンカレー味を入れて中火で炒める。
4. 玉ねぎがしんなりしたらエビと鶏ムネ肉を入れて炒め、塩と黒胡椒をふる。
5. 4にBを加え、アクを取りながら5〜6分ほど煮込む。
6. 5にアーモンドミルクを加え、沸騰直前で火を止める。塩で味を調え、生クリームを加えて混ぜる。
7. 6にバジルペーストを加えて混ぜ、さらに2を加えて混ぜる。
8. 器に7を盛りつけ、イタリアンパセリを飾り、香りづけにココナッツオイルをまわしかける。
9. ごはんにドライレーズンを混ぜ、型に入れて器に盛り、8を添える。

なすとかぼちゃの麻婆ピッツァ

| 使用商材 | 李錦記（リキンキ）「合わせ調味料シリーズ」麻婆豆腐の素 | → 商材紹介は P.024 |

トマトソースの代わりに麻婆豆腐の合わせ調味料を生地に塗り、中華の味付けにアレンジ。
素揚げしたなすやかぼちゃ、豆など、女性が好む具材をトッピングして、彩りよく仕上げる。

【材料】1人分

- なす…1本
- かぼちゃ…76g
- 揚げ油…適量
- ピッツァ生地…1枚
- EXV.オリーブオイル …適量
- しょうがシロップ…6g
- 李錦記「麻婆豆腐の素」…30g
- ビーンズミックス…24g
- 塩・黒胡椒…各適量
- 削りチーズ…12g
- 山椒パウダー…適量
- ごま油…小さじ1

【作り方】

1. なすはへたを取ってところどころ皮をむき、7～8mmの輪切りにして水につける。かぼちゃは5～6cmの長さに切る。

2. 1のなすは180～200℃、かぼちゃは150～160℃に熱した油で、それぞれ素揚げする。

3. ピッツァ生地にハケでオリーブオイル、しょうがシロップ、麻婆豆腐の素の順に塗る。

4. 2とビーンズミックスを彩りよくトッピングし、塩と黒胡椒をふって、200℃のオーブンで2分ほど焼く。

5. 中央に削りチーズをのせて山椒パウダーをふり、仕上げにごま油をまわしかける。

3

4

5

冷やし中華風ぶっかけカフェ素麺

| 使用商材 | あみ印食品工業「冷し中華スープ」 | → 商材紹介は P.025 |

カフェらしくアレンジした冷やし麺。コクと旨味のある「冷し中華スープ」で調味したたれは、アーモンドミルクをベースにすることでおしゃれ感を演出。マヨネーズをあえたツナにはほんのりカレーの風味をきかせ、食欲を増進させる。スライスしたすだちを飾り、さわやかな盛り付けで魅力度アップ。

【材料】1人分

- そうめん（茹で）…180～200g

カレー風味ツナマヨネーズ
- ツナ缶…70g
- マヨネーズ…28g
- カレーペースト…4g
- 万能ねぎ（小口切り）…6g

たれ（でき上がり量140g）
- アーモンドミルク…120g
- あみ印「冷し中華スープ」…15g
- すだちシロップ…5g

- すだち（輪切り）…5枚

【作り方】

1. そうめんは茹でて冷水にさらし、しめておく。
2. ボウルに油を切ったツナ、マヨネーズ、カレーペーストを入れて混ぜ、万能ねぎを合わせる。
3. たれの材料を混ぜ、120gをピッチャーに入れる。
4. 器に1を盛り、2を中央にのせてすだちを飾り、3を添えて提供する。

バーボンバーベキューチキンピッツァ

| 使用商材 | ハインツ日本「バーボンBBQソース」 | → 商材紹介は P.025 |

ソテーした鶏肉と彩り野菜を盛り込んだ、ボリュームたっぷりのピッツァ。ピザ生地に塗るソースに「バーボンBBQソース」を使用。卵を混ぜてまろやかな味わいにして塗るのがポイント。焼き上がりにも「バーボンBBQソース」をかけて、深みのある贅沢な味わいで全体をまとめる。

【材料】直径27cm 1枚分

A ┌ ・ハインツ日本「バーボンBBQソース」…10g
　└ ・卵…1/2個
・ピッツァ生地…1枚
・鶏モモ肉…1/2枚
・薄力粉…適量
・塩/黒胡椒…各適量
・EXV.オリーブオイル…適量

・グリーンアスパラガス…2本
・とうもろこし…55g
・さやいんげん…5本
・ミニトマト…2個
・ハインツ日本「バーボンBBQソース」(仕上げ用)…5g

【作り方】

1 Aを混ぜ合わせ、ハケでピッツァ生地にたっぷり塗る。

2 鶏モモ肉は4cm角ぐらいに切って薄力粉をまぶし、塩、黒胡椒してオリーブオイルでソテーする。

3 グリーンアスパラガスは軽く茹でて6cm長さに切る。とうもろこしは茹でて6cm長さ・幅2cmに切る。さやいんげんは軽く茹でて半分に切る。ミニトマトは縦半分に切る。

4 1の中央に2を盛り、まわりに3を彩りよくトッピングする。

5 300℃のオーブンで2分焼成し、仕上げに「バーボンBBQソース」をかけて黒胡椒をふる。

簡単！パンツァネッラ

| 使用商材 | キユーピー「キユーピー 具沢山ドレッシング オニオン」 | → 商材紹介は P.026 |

硬くなってしまったパンを水などでふやかしてサラダに入れる、イタリア・トスカーナ州の料理「パンツァネッラ」をアレンジ。バゲットに「キユーピー 具沢山ドレッシング オニオン」をしみ込ませ、パンをおいしく再利用する。栄養バランスがよく満足のいくボリュームで、ランチメニューとしても提供できる。

【材料】1人分

- バゲット…40g
- キユーピー 具沢山ドレッシング オニオン…36〜40g
- きゅうり…1/2本(53g)
- 赤玉ねぎ…1/4個(50g)
- ミニトマト(赤・黄)…各1個
- ルッコラ…30g
- ロースハム…2枚(21g)
- 黒オリーブ…2個
- キヌア…2g

【作り方】

1. バゲットを2cm厚に切り、切り口の両面に大さじ3の「キユーピー 具沢山ドレッシング オニオン」をかけておく。
2. きゅうりは一口大の乱切り、赤玉ねぎは薄切り、ミニトマトは半分に切り、ルッコラは3〜4cm長さに切る。ロースハムは縦4等分に切り、黒オリーブは1個を4等分に切る。
3. ボウルに1、2、キヌアを入れ、残りの「キユーピー 具沢山ドレッシング オニオン」を加えて和える。
4. 器に彩りよく盛りつける。

さっぱり爽やかサラダ麺

| 使用商材 | キユーピー「キユーピー 具沢山ドレッシング 黒胡椒」 | → 商材紹介は P.026 |

夏場に訴求するそうめんを使ってカフェメニューらしくアレンジ。三つ葉とみょうがをトッピングし、麺つゆの代わりに「具沢山ドレッシング 黒胡椒」をかけてサラダ風に仕上げた。玉ねぎがたっぷり入ったドレッシングが麺によくからみ、さっぱりしつつスパイシーなおいしさも味わえる。途中でレモンを絞ると味が変化して、二通りの味が楽しめる。

138

【材料】1人分

- ササミ…2本(100g)
- 塩…適量
- そうめん(茹で)…200g
- 生姜(みじん切り)…5g
- 三つ葉…20g
- みょうが…17g
- カットレモン…1切れ
- キユーピー 具沢山ドレッシング 黒胡椒…30g

【作り方】

1. ササミに塩をふってもみ込み、沸騰した湯に入れて再沸騰したら火を止め、フタをしてそのまま10分置いて蒸らす。
2. 1をザルに上げて水気を切り、粗熱がとれたら粗くほぐす。
3. そうめんは茹でて氷水で締め、水気をきって生姜を合わせる。
4. 器に3を盛り、2、3cm長さに切った三つ葉、せん切りにしたみょうがをのせてレモンを飾り、「キユーピー 具沢山ドレッシング黒胡椒」を添える。

鶏肉と大根のパエリアグラタン

| 使用商材 | 日本製粉「業務用パエリアの素」 | → 商材紹介は P.027 |

旨味のある煮汁が大根にもしみた、冬場におすすめの一品。お酒のおつまみにもなる。

【材料】長さ20cm・深さ5cmのグラタン皿

- マカロニ…60〜70g
- 玉ねぎ…1/4個
- 鶏モモ肉…190g
- 大根…320g
- ダンテオリーブオイル…大さじ1〜2
- プチトマト…10〜12個
- 「業務用パエリアの素」…80g
- 白ワイン…大さじ2
- 塩/黒胡椒…各適量
- さやいんげん…4〜5本
- シュレッドチーズ…12g

【作り方】

1. マカロニは指定の時間茹でて、ザルに上げる。
2. フライパンにオリーブオイルを入れて火にかけ、薄切りにした玉ねぎ、一口大に切った鶏肉を入れて炒める。鶏肉の色が変わったら、皮をむいて半月切りにした大根も入れて炒める。
3. 全体に油がまわったら、ヘタを取ってつぶしたプチトマト、パエリアの素、白ワインを加え、とろみが付くまで煮る。
4. 塩と黒胡椒で味を調え、塩茹でしたさやいんげんを斜め切りにして入れ、軽く混ぜる。
5. グラタン皿に薄くオリーブオイル（分量外）を塗り、1と4を盛り、シュレッドチーズをかけて、200℃のオーブンで5〜8分焼く。

【おすすめポイント】

ご飯に混ぜて焼くだけでOK
一緒に炊飯せず、炊いたご飯に後混ぜして焼くという使い方もできます。旨味がきいていて味がしっかりつきますし、何より手軽に使えるのでカフェでも重宝しそうです。

パエリア以外にも使える
パエリアの素でありながら、アイデア次第でパエリア以外のメニューにも活用できます。これ一つで洋風メニューの味付けができるのはとても便利。

きなこミルクのアジアンパフェ

使用商材 ヤマサ醤油「ヤマサ デザートベース」　→ 商材紹介は P.027

杏仁風味ときなこミルク風味、2種類のデザートベースを活用して組み立てたアジアンスタイルのパフェ。多彩なパーツの相性を考えて盛るのがポイント。

【ヤマサ デザートベース 材料】

「ヤマサ デザートベース」1 ： 牛乳（冷やしたもの）1

【ヤマサ デザートベース 作り方】

1. ボウルなどに冷やした牛乳を入れ、「ヤマサ デザートベース」を注ぎ入れる。

2. 大きめのスプーンなどで手早く混ぜる（10秒程度）。

【きなこミルクのアジアンパフェ 材料】1人分

- ラズベリーソース…6g
- 「ヤマサ デザートベース 杏仁風味」…60g（仕込み済み量）
- 玄米フレークきな粉黒糖…8g+3g
- 「ヤマサデザートベース きなこミルク風味」…90g（仕込み済み量）
- ホイップクリーム…25g+15g
- 抹茶アイスクリーム…#18ディッシャー 1個
- かのこ豆ミックス…20g
- 黒糖シロップ…3g
- 抹茶パウダー…適量
- みかん…3房
- ミントの葉…適量

【きなこミルクのアジアンパフェ 作り方】

1. パフェグラスにラズベリーソースを入れてグラスをまわし、仕込んだ「デザートベース 杏仁風味」を入れる。

2. 玄米フレークを8gのせ、仕込んだ「デザートベース きなこミルク風味」を入れる。

3. ホイップクリームを25g絞り、左側に抹茶アイスクリームをのせて抹茶パウダーを振る。

4. 右側奥にホイップクリームを15g絞り、手前にかのこ豆ミックスを盛る。みかん、玄米フレーク3gを飾って黒糖シロップをかけ、ミントの葉を飾る。

レモンマシュマロタルト

| 使用商材 | サントリーフーズ「プルコ レモン」 | → 商材紹介は P.028 |

ざっくりとしたタルト生地にレモン風味のカスタードクリームを流して焼き上げた、レモンの風味と香りが魅力の爽やかなタルト。濃厚なクリームに「プルコ レモン」を混ぜることでマイルドな酸味が加わり、さっぱりと食べられる。生地とクリームの間にはさんだマシュマロが、メレンゲのような役割を果たす。

【材料】直径18cm タルト型1台分

タルト台
- 食塩不使用バター…56g
- 粉砂糖…8g
- 全卵…20g
- A ┌ 薄力粉…40g
　　├ 強力粉…40g
　　└ アーモンドパウダー…7g
- 塩…ひとつまみ
- マシュマロ(小)…50g

フィリング
- 「プルコ レモン」
　…レモン汁(1/2個分)と合わせて100g
- サワークリーム…60g
- 無糖ヨーグルト…60g
- 全卵…2個
- グラニュー糖…100g
- コーンスターチ…15g
- レモンゼスト…1/2個分(2g)

仕上げ
- レモン皮のシロップ煮★…8〜9本
- ミントの葉…適量

★ レモン皮のシロップ煮
レモン皮(1/2個分)を3mm幅のせん切りにして茹でこぼし、水(30ml)とグラニュー糖(15g)とともに煮て、とろみが出たら火を消しそのまま冷ます。

【タルト台 作り方】

1. ボウルに室温に戻したバターと粉砂糖を入れてすり混ぜ、卵を少しずつ加えてそのつどよく混ぜる。
2. ふるったAと塩を加えてさっくりと混ぜ、ひとかたまりにしてラップでつつみ、冷蔵庫で30分以上ねかせる。
3. 生地をのばしてタルト型に敷き、180℃のオーブンで20分焼成。さらにマシュマロをのせて200℃で2分焼成する。

【フィリング 作り方】

1. 「プルコ レモン」とレモン汁を合わせて100gになるよう調整する。
2. サワークリームとヨーグルトを混ぜる。
3. ボウルに卵とグラニュー糖を入れてすり混ぜ、コーンスターチ、1、レモンゼストを順に加えて混ぜる。
4. 鍋に移して混ぜながら火にかけ、もったりとしたら火からおろして氷水にあてる。
5. 冷めたら2を加え、なじませるよう混ぜる。

【レモンマシュマロタルト 作り方】

1. タルト台にフィリングを流し、170℃のオーブンで10分焼成。粗熱がとれたら冷蔵庫で1時間ねかせる。
2. レモン皮のシロップ煮とミントの葉を飾る。

ライム&きゅうりのカクテルティー

| 使用商材 | サントリーフーズ「プルコ ライム」 | → 商材紹介は P.028 |

アールグレイのアイスティーと相性抜群の「プルコ ライム」を合わせたドリンク。海外ではカクテルにもよく使われるきゅうりをらせん状に切ってトッピング。レモングラスを飾り、カルダモン風味のシュガーをスノースタイルにして、おしゃれで清涼感のあるドリンクに仕上げた。

【材料】1人分

- 「プルコ ライム」…15ml
- シュガーシロップ…15ml
- 氷…4～5個
- アイスティー（アールグレイ）…130ml
- きゅうり…14g
- レモングラス…1本
- ライムスライス…1枚

スノースタイル用
- シュガーシロップ…適量
- カルダモンラグジュアリーシュガー…適量

【作り方】

1. グラスの縁にシュガーシロップをつけ、カルダモンラグジュアリーシュガーを飾ってスノースタイルにする。
2. 「プルコ ライム」とシュガーシロップを入れてかき混ぜる。
3. 氷を入れてアイスティーを静かに注ぐ。
4. らせん状に切ったきゅうり、レモングラスを刺したライムスライスを飾る。

ポンデケージョの
お野菜フレンチトースト

| 使用商材 | カゴメ「濃縮飲料 にんじん・オレンジミックス（3倍濃縮）業務用」 | → 商材紹介は P.028 |

フレンチトーストの卵液として濃縮野菜・果実飲料を使い、味わいと色味に変化を出した。ポンデケージョのモッチリした食感も楽しい一品。

【材料】1人分

- ポンデケージョ…3個
- カゴメ「濃縮飲料 にんじんオレンジミックス（3倍濃縮）」…60〜80ml

フレンチトースト卵液
- 卵L玉…1個
- グラニュー糖…20g
- 牛乳またはアーモンドミルク…100ml

- 食塩不使用バター…15g
- メープルシロップ…30g
- チョコレートソース…15g
- お好みのアイスクリーム…#18ディッシャー 2個
- ホイップクリーム… 14g
- いちご…1粒
- ミントの葉…適量

【作り方】

1. ボウルに「にんじん・オレンジミックス」を入れ、横半分に切ったポンデケージョ1個分を入れて両面浸す。
2. 別のボウルにフレンチトースト卵液の材料を混ぜ合わせ、横半分に切ったポンデケージョ2個分を入れて両面浸す。
3. フライパンにバターを入れて弱火で溶かし、1と2を両面こんがりと焼く。
4. 器に焼きたての3を盛りつける。
5. ホイップクリームを添えていちごとミントの葉を飾り、アイスクリームを盛ったグラスを器にのせる。2のフレンチトーストにはチョコレートソースとメープルシロップをかけ、1のフレンチトーストにはメープルシロップをかける。

ライスクリスピートリーツ
（緑茶＆マンゴー、ほうじ茶＆クランベリー）

| 使用商材 | 味の素AGF「AGF®プロフェッショナル」【濃いめ】緑茶 2L用 | → 商材紹介は P.029 |

シリアルをマシュマロで固めたアメリカのお菓子に、緑茶やほうじ茶のドリンクパウダーをプラス。
ほんのりとした茶葉のフレーバーとドライフルーツの濃厚な甘さがよく合う。

【材料】15cm × 15cm ×高さ6cm 角型 各2台分

緑茶&マンゴー

A
- ・ライスクリスピー … 190g
- ・「AGF®プロフェッショナル」
  【濃いめ】緑茶 2L用…2スティック
- ・ドライマンゴー（7mm角）…60g

・マカデミアナッツオイル…45g
・マシュマロ(小)…285g

仕上げ用
・「AGF®プロフェッショナル」リッチ抹茶オレ 1杯用
　…4スティック

ほうじ茶&クランベリー

A
- ・ライスクリスピー …190g
- ・「AGF®プロフェッショナル」
  【濃いめ】ほうじ茶1L用…2スティック
- ・ドライクランベリー…(30粒)
- ・ドライ白桃(7mm角)…26g

・マカデミアナッツオイル…45g
・マシュマロ(小)…285g

仕上げ用
・「AGF®プロフェッショナル」【濃いめ】ほうじ茶1L用
　…2スティック

【緑茶&マンゴー・ほうじ茶＆クランベリー 作り方】

1. ボウルにAの材料を入れ、混ぜておく。
2. フライパンにマカデミアナッツオイルを入れて火にかけ、温まったらマシュマロを入れ、ゴムべらで混ぜながら溶かす。
3. マシュマロが溶けたら1を入れ、手早く混ぜる。
4. オーブンシートを敷いた型に3を入れ、オイルを塗ったゴムべらで軽く押し、「AGF®プロフェッショナル」リッチ抹茶オレ 1杯用をふる。
5. そのまま室温で冷まし、型からはずして3cm角に切る。

バナナと緑茶のシリアルスムージー

| 使用商材 | 味の素AGF「AGF®プロフェッショナル」【濃いめ】緑茶 2L用 | → 商材紹介は P.029 |

1本分のバナナ、ヨーグルト、シリアルで作るスムージーに緑茶のパウダーを加え、さっぱりとした後口に仕上げた。トッピングとしてもふりかけて、清々しい緑茶の香りを楽しませる。

【材料】1人分

- バナナ…1本(93g)
- 無糖ヨーグルト…60g
- 「AGF®プロフェッショナル」【濃いめ】緑茶 2L用…1g
- 水 40ml…(または氷2個)
- お米のミルク…20ml
- さつまいも蜜…5g
- コーンフレーク…8g

トッピング
- コーンフレーク…3g
- 「AGF®プロフェッショナル」【濃いめ】緑茶 2L用… 0.1g

【作り方】

1. ブレンダーにバナナ、ヨーグルト、「AGF®プロフェッショナル」【濃いめ】緑茶 2L用、水(または氷)、お米のミルクプレーン、さつまいも蜜、コーンフレークを入れる。

2. 全体がなめらかになるまでミキシングする。

3. グラスに注ぎ、トッピング材料を飾る。

有機ジンジャーソーダゼリーティー

| 使用商材 | ユウキ食品「コーディアル」 | → 商材紹介は P.029 |

ジンジャーの濃縮液と炭酸水で作ったゼリーを下に、ヨーグルトとハイビスカスベースのアイスティーを3層に重ねた。ゼリーを崩しながら飲む、新感覚のデザート。

【材料】1人分
- 有機ジンジャーソーダゼリー★1…149g
- プレーンヨーグルト…89g
- シュガーシロップ…25ml
- 美白ティー(アイス)★2…100ml
- レモンスライス…1枚
- ミントの葉…適量

★1 有機ジンジャーソーダゼリー(でき上がり量160g)
1.板ゼラチン4gは適量の水でふやかしておく。
2.有機コーディアルジンジャー5mlと水15mlを混ぜておく。
3.鍋に2、グレープフルーツジュース100ml、レモン汁小さじ1、炭酸水40mlを入れ、沸騰させないように温める。
4.3が温まったら火を止めて1を加え、よく混ぜて溶かす。

★2 美白ティー
ローズヒップ、ハイビスカス、ルイボスなど8種類をブレンドした、『カフェズ・キッチン』オリジナルのハーブティー。ハイビスカスベースのハーブティーで代用も可。

【作り方】

1 有機ジンジャーソーダゼリーをグラスに入れ、冷蔵庫で冷やし固める。

2 ヨーグルトにシュガーシロップを混ぜ、1の上に入れる。

3 さらに美白ティーを静かに注ぎ、層を作る。

4 レモンスライスとミントをトッピングする。シュガーシロップ(分量外)を添え、お好みでかけてもらう。

ライムクリームのティラミス

| 使用商材 | ミズーラ「全粒粉ビスケット」 | → 商材紹介は P.030 |

ライムの香りがさわやかなマスカルポーネのクリームは、メレンゲを使って軽い口当たりに。その間に「全粒粉ビスケット」をはさみ、エスプレッソの代わりにカラメルシロップを打ってほどよい苦味をプラスした。キメの粗い「全粒粉ビスケット」にクリームがよくしみ込み、しっとりしたおいしさに。

【材料】 18cm × 25.5cm 楕円皿1台分

ライムクリーム
- 卵黄(L玉)…2個分
- グラニュー糖…30g
- ライム果汁…20g
- コーンスターチ…2g
- ライムゼスト…1/2個分

マスカルポーネクリーム
- 卵白(L玉)…2個分
- グラニュー糖…26g
- マスカルポーネチーズ…250g

仕上げ
- ミズーラ「全粒粉ビスケット」…22枚
- カラメルシロップ…8g

トッピング
ミズーラ「全粒粉ビスケット」、カラメルシロップ、ライムスライス、粉糖

【作り方】

1. ライムクリームを作る。ボウルに卵黄とグラニュー糖を入れて湯煎にかけながら撹拌し、もったりしたらライム果汁とコーンスターチを混ぜたもの、ライムゼストを加えて混ぜる。

2. マスカルポーネクリームを作る。ボウルに卵白とグラニュー糖を入れ、撹拌してメレンゲを作り、マスカルポーネチーズを加えて混ぜる。

3. 楕円皿に「全粒粉ビスケット」を11枚並べ、ハケでカラメルシロップをたっぷり塗る。

4. 2に1を加えて軽く混ぜ、そのうち230gを3の上にのせる。

5. 4に残りの「全粒粉ビスケット」を並べ、ハケでカラメルシロップをたっぷり塗り、残りのクリームをのせる。

6. 冷蔵庫で1時間〜一晩冷やす。

7. スプーンで6をすくって器に盛り、トッピング材料で仕上げる。

3

4

5-1

5-2

タルティーヌ風

| 使用商材 | ミズーラ「全粒粉ラスク」 | → 商材紹介は P.030 |

彩り豊かな具材をトッピングした、タルティーヌスタイルの華やかなオードブル。はちみつのやさしい甘さを添えたかぼちゃ&コーン、塩味の生ハムを使ったジェノベーゼ、スパイシーな玉ねぎ&クミンと、味わいに変化を付けて魅力ある一皿に。「全粒粉ラスク」の香ばしさと軽い食感が、具材の引き立て役として活躍。

【材料】1人分

かぼちゃ&コーン
- かぼちゃ(棒切りにして茹でる)…60g
- コーン…10g
- EXV.オリーブオイル…大さじ1
- 塩/黒胡椒…各適宜
- はちみつ…6g

玉ねぎ&クミン
- EXV.オリーブオイル…大さじ1
- にんにく(すりおろし)…1g
- 玉ねぎ(薄切り)…130g
- 塩/黒胡椒…各適宜
- クミン…0.3g

ジェノベーゼ
- 生ハム…2〜3枚
- ミニトマト(半分に切る)…2個分
- バジル…2枚

盛りつけ
- ミズーラ「全粒粉ラスク」…6枚
- パルミジャーノチーズ…適量
- ピンク胡椒…4粒
- チャービル…2枚

【作り方】

1. かぼちゃ&コーンの具材を作る。フライパンにオリーブオイルを入れて火にかけ、かぼちゃとコーンを炒め、塩、黒胡椒、はちみつで味を調える。

2. 玉ねぎ&クミンの具材を作る。フライパンにオリーブオイルとにんにくのすりおろしを入れて火にかけ、玉ねぎを炒めて塩、黒胡椒、クミンで味を調える。

3. それぞれを盛り付ける。まず1を「全粒粉ラスク」2枚にのせ、パルミジャーノチーズをふる。

4. ジェノベーゼは生ハム、ミニトマト、バジルを「全粒粉ラスク」2枚にのせ、パルミジャーノチーズをふる。

5. 2を「全粒粉ラスク」2枚にのせ、ピンク胡椒とチャービルを飾る。

いちごのシリアルティラミス ほろ苦コーヒーがけ

| 使用商材 | 日本ケロッグ「グラノラ」 | → 商材紹介は P.030 |

クリーミーないちごヨーグルトに、お好みでグラノラやエスプレッソを加えて食べる、大人味の朝食。食物繊維がたっぷり摂れる。

【材料】1人分

- いちご…10個
- マスカルポーネチーズ…大さじ4
- 無糖ヨーグルト…大さじ4
- はちみつ…20g
- ケロッグ「グラノラ」…20g

トッピング
- ケロッグ「フルーツグラノラハーフ」…20g
- エスプレッソ…30ml
- いちご…2個

【作り方】

1. いちごのヘタを取り、縦4等分に切ってミキサーに入れる。
2. 続いてマスカルポーネチーズ、ヨーグルト、はちみつ、グラノラを入れる。
3. 2をミキサーにかけて、よく攪拌する。
4. グラスに3を注ぎ、フルーツグラノラハーフとエスプレッソ、いちごを添える。

いちじくバニラスムージー

| 使用商材 | ギラデリ「バニラ フレーバー パウダー」 | → 商材紹介は P.031 |

ビタミンやミネラルを含む、女性に人気のいちじくを使ったヘルシーなスムージー。甘味が穏やかないちじくに、バニラの甘いフレーバーが隠し味となっておいしさがアップ。

【材料】直径8cm、高さ 11.5cm グラス1杯分

・いちじくスライス…4〜5枚
・いちじく…2個
・牛乳…70ml
・ギラデリ「バニラ フレーバー パウダー」…12g
・氷…2個
・無糖ヨーグルト…45g
・ドライいちじく…2個（4g）
・ミントの葉…適量

【作り方】

1 いちじくスライスをグラスの内側に張りつけ、冷蔵庫に入れておく。

2 ブレンダーに一口大に切ったいちじく、牛乳、バニラフレーバーパウダー、氷を入れて撹拌する。

3 2を1に静かに注ぐ。

4 上から静かにヨーグルトをのせ、ドライいちじくとミントの葉をトッピングする。

フラワーポット・タピコ

| 使用商材 | マルイ物産 FOOD BOAT®「TAPICO（タピコ）」 | → 商材紹介は P.031 |

タピオカ入りアイスココアにチーズクリームをのせた、デザート感覚のドリンク。台湾発の人気ドリンク「チーズティー」をヒントに開発した。フラワーポットに見立て、砕いたココアクッキーとエディブルフラワーを飾る。「TAPICO」を活用してオペレーションを簡素化し、盛りつけに工夫を凝らした。

【チーズクリームホイップ 材料】でき上がり量130g

- クリームチーズ…50g
- グラニュー糖…20g
- 無糖ヨーグルト…25g
- 35％生クリーム…50ml

【チーズクリームホイップ 作り方】

1. ボウルに室温に戻したクリームチーズ、グラニュー糖を入れてすり混ぜる。
2. 室温に戻したヨーグルト、生クリームを加えて6分立てにする。

【フラワーポット・タピコ 材料】1人分

- 「TAPICO チョコ風味」…1袋
- 牛乳…100ml
- 氷…7個
- チーズクリームホイップ…100g
- ピンク岩塩…2つまみ
- ココアクッキー…10g
- エディブルフラワー…適量
- チャービル…適量

【フラワーポット・タピコ 作り方】

1. 「TAPICO チョコ風味」を電子レンジ(500W約90秒目安)または湯煎にかけて解凍する。
2. グラスに氷を入れて牛乳を注ぎ、1を入れる。
3. チーズクリームホイップをのせてピンク岩塩をふり、表面を覆うように砕いたココアクッキーをのせる。
4. エディブルフラワーとチャービルを飾る。

ふわふわドリンク

| 使用商材 | 新田ゼラチン「ふわあわEG」 | → 商材紹介は P.032 |

3種類のアイスドリンクに、それぞれ相性のよいシロップで風味づけしたゼリーの泡をトッピング。飲んだ時のふわっとしたやさしい口当たりを魅力に、ビジュアルの効果でインスタ映えも狙える。「ふわあわEG」で作る泡は光沢があり、きめ細かくなめらかで、見た目でもおいしさを高めてくれる。

【材料】各1人分

アイスティー&生姜
・生姜シロップ…15ml
・グラニュー糖…10g
・「ふわあわEG」…12g
・水…100ml
・氷…3個
・アイスティー…65ml
・ジンパリ
（スライス生姜を乾燥させたもの）…適量

アイスコーヒー&焦がし砂糖
・焦がし砂糖シロップ…15ml
・グラニュー糖…10g
・「ふわあわEG」…12g
・水…100ml
・氷…4個
・アイスコーヒー…110ml

アイスプーアール茶&黒糖
・黒糖シロップ…15ml
・グラニュー糖…10g
・「ふわあわEG」…12g
・水…100ml
・氷…4個
・アイスプーアール茶…95ml
・黒糖…適量

【アイスティー&生姜 作り方】

1 鍋に生姜シロップ、グラニュー糖、水、「ふわあわEG」を入れる。

2 1を火にかけ、混ぜながら温める。

3 火からおろし、ハンドミキサーで一気に泡立てる。

4 グラスに氷を入れてアイスティーを注ぎ、3を30gのせてジンパリを飾る。

【アイスコーヒー&焦がし砂糖 作り方】

1 鍋に生姜シロップ、グラニュー糖、水、「ふわあわEG」を入れる。

2 1を火にかけ、混ぜながら温める。

3 グラスに氷を入れてアイスコーヒーを注ぎ、2を30gのせる。

【アイスプーアール茶&黒糖 作り方】

1 鍋に生姜シロップ、グラニュー糖、水、「ふわあわEG」を入れる。

2 1を火にかけ、混ぜながら温める。

3 火からおろし、ハンドミキサーで一気に泡立てる。

ふわふわイチゴフラッペ

| 使用商材 | アイスライン「雪氷(ゆきごおり)」 | → 商材紹介は P.032 |

ふんわりかけたフォームドミルクが女性の目を惹くフラッペ。氷の冷たさをミルクの泡が包み込み、やさしい口当たりに。いちごの赤色とのコントラストで、かわいらしい雰囲気も演出。

【材料】直径11cm・高さ12.5cmのグラス1個分

- アイスライン「こだわりのいちごシロップ」…30g+10g
- いちごゼリー…10カット
- アイスライン「雪氷」…1袋
- フォームドミルク…30g
- バニラアイスクリーム…#18ディッシャー1個
- コンデンスミルク…12g
- ストロベリーダイス…適量

【作り方】

1. グラスに「こだわりのいちごシロップ」(30g)といちごゼリーを順に入れる。
2. 「雪氷」を半量分入れる。
3. 中央にバニラアイスクリームをのせ、まわりに「こだわりのいちごシロップ」(10g)をかける。
4. 上から残り半量分の「雪氷」をのせる。
5. フォームドミルクをふんわりとのせる。
6. コンデンスミルクをかけ、ストロベリーダイスをトッピングする。

たっぷり玉ねぎとチキンの
ガーリックバターのカフェプレート

（たっぷり玉ねぎとチキンのガーリックバター、かぼちゃのチーズサラダ、トマトのスクランブルエッグ、サニーレタス、パセリごはん）

使用商材	林原「トレハ®」	→ 商材紹介は P.033

メインは、コクのあるガーリックバター醤油の味付けにスパイシーさをプラスした、玉ねぎとチキンのライスメニュー。トレハロースの効果で、煮込んだチキンはやわらかくジューシーな仕上がり。トレハロースを加えたスクランブルエッグは、きめ細かくやわらかな食感に。かぼちゃは色鮮やかさを保ち、サニーレタスもトレハロースの水溶液に浸けることでシャキシャキ感を維持し、カフェプレートのおいしさがアップ。

【たっぷり玉ねぎとチキンのガーリックバター 材料】2人分

- 鶏モモ肉…250g

マリネ液
- 白ワイン…大さじ1
- トレハ…4g
- 塩…小さじ1/3
- はちみつ…小さじ1/2

- EXV.オリーブオイル…大さじ1
- にんにく(みじん切り)…5g
- 玉ねぎ(薄切り)…340g

A
- 食塩不使用バター…20g
- ガラムマサラ…小さじ1/3
- レモン汁…小さじ2
- 醤油…大さじ1
- 塩/黒胡椒…各適量

【たっぷり玉ねぎとチキンのガーリックバター 作り方】

1. 鶏肉を一口大に切り、マリネ液の材料を合わせたバットに入れて、半日～一晩浸け込む。
2. フライパンにオリーブオイルとにんにくを入れて火にかけ、香りが出たら玉ねぎを入れて弱火でじっくり炒める。
3. 玉ねぎがしんなりして色づいたら1を入れ、火を通す。
4. Aを3に加え、フタをして10分ほど煮込む。

【かぼちゃのチーズサラダ 材料】作りやすい量

- かぼちゃ…100g
- トレハ…3g
- 上白糖…小さじ1/2
- 醤油…小さじ1
- マヨネーズ…20g
- クリームチーズ…10g
- 塩/黒胡椒…各適量

【かぼちゃのチーズサラダ 作り方】

1. かぼちゃを皮付きのまま小角に切って鍋に入れ、トレハ、上白糖、醤油、ひたひたの水を加えて煮る。
2. かぼちゃがやわらかくなったらボウルに移し、熱いうちにマッシャーでつぶす。
3. マヨネーズと常温に戻したクリームチーズを2に加えて混ぜ、塩、黒胡椒で味を調える。

【トマトのスクランブルエッグ 材料】2人分

- ミディトマト…2個
- 全卵…3個
- 白だし…小さじ2
- トレハ…5g
- 牛乳…小さじ2
- EXV.オリーブオイル…大さじ1

【トマトのスクランブルエッグ 作り方】

1. ミディトマトを一口大に切り、オリーブオイルを熱したフライパンでソテーする。
2. ボウルに卵を入れて溶きほぐし、白だし、トレハ、牛乳を加えて混ぜる。
3. 2を1に流し、へらで大きく混ぜながら火を通す。

【盛りつけ 材料】1人分

- パセリごはん★1
  - ごはん…150～200g
  - パセリのみじん切り…3g
- サニーレタス★2…2～3枚

★1 パセリごはん…米3合に対し、トレハ(大さじ1)と水(540～560ml)を入れて炊く。
★2 サニーレタス…トレハ水溶液(水970gにトレハ大さじ3を溶かしたもの)に30分間浸ける。

【作り方】

1. トレハを入れて炊いたごはんにパセリを混ぜ、ライス抜き型(菊型)に入れて器に盛る。
2. 1に「たっぷり玉ねぎとチキンのガーリックバター」の半量をかける。
3. 「かぼちゃのチーズサラダ」、「トマトのスクランブルエッグ」、水気を切ったサニーレタスを彩りよく盛る。

コーヒー&バナナのアーモンドミルクのシリアルスムージー

| 使用商材 | 筑波乳業「濃いアーモンドミルク ～ほんのり黒糖入り～」 | → 商材紹介は P.033 |

バナナをベースに、ミネラル豊富なアーモンドミルクを組み合わせて栄養価がアップ。コーヒーの香りを添えているので、朝食にもおすすめ。花型バナナの模様で、女性の目を引く一杯に。

【材料】1人分

- バナナ …1本(88g)
- A
  - インスタントコーヒー…1g
  - 濃いアーモンドミルク 〜ほんのり黒糖入り〜…100g
  - コーンフレーク…12g
  - 氷…40g

トッピング
- コーンフレーク…6g
- ミントの葉…適量

【作り方】

1. バナナをごく薄い輪切りにし(5枚)、花型で抜く。
2. 1を冷やしておいたグラスの内側に貼りつける。
3. 残りのバナナを適当な厚さの輪切りにする。
4. ミキサーに3とAを入れて撹拌する。
5. 4を2に注ぎ、コーンフレークとミントの葉をトッピングする。

1

2

4

5

まめクロックムッシュ&クロックマダム

| 使用商材 | 不二製油「大豆舞珠(まめまーじゅ)セミハード」 | → 商材紹介は P.034 |

ナチュラルチーズの代わりに、チーズのように発酵させた豆乳製品を使用。モッツァレラチーズのような香りやまろやかさがありながら、ヘルシー感もアピールできる。ベシャメルソースにも大豆由来のクリームを加えてあっさりと。

【ベシャメルソース 材料】1人分

A ┌ ・牛乳…100ml
　└ ・不二製油「濃久里夢(こくりーむ)」…20ml
- 食塩不使用バター…15g
- 薄力粉…15g
- 塩…適量
- 黒胡椒…少々
- ナツメグパウダー…適量

【ベシャメルソース 作り方】

1. 鍋にAを入れて弱火で温める。
2. 別の鍋にバターを入れて弱火で溶かし、ふるった薄力粉を入れて弱火で焦がさないように炒める。
3. 2に1を加えて泡立て器でよく混ぜ、塩、黒胡椒、ナツメグで味を調え、漉して冷ます。

【まめクロックムッシュ&クロックマダム 材料】1人分

- 不二製油「大豆舞珠(まめまーじゅ)セミハード」…60g
- パン・ド・カンパーニュ 2cm厚スライス…4枚
- 食塩不使用バター…8g
- ベシャメルソース…150g
- ロースハム…4枚
- 目玉焼き…1個
- イタリアンパセリ…適量
- ミニトマト…2個

【まめクロックムッシュ&クロックマダム 作り方】

1. 「大豆舞珠セミハード」を一口大に切る。
2. パン・ド・カンパーニュの片面にそれぞれバターを塗り、2枚にベシャメルソースを、残り2枚に1をのせ、250℃のオーブンで約6分焼く。
3. ロースハムをソテーし、ベシャメルソースがのっているパンの上にのせ、その上から「大豆舞珠セミハード」がのったパンをのせる。
4. 3の1つに目玉焼きをのせ、もう1つにはイタリアンパセリを飾り、ミニトマトを添える。

1

2

3

カツレツガレット

| 使用商材 | 日穀製粉「ガレットミックス粉」 | → 商材紹介は P.034 |

粉の代わりにパルメジャーノチーズをまぶしたカツレツをトッピング。

【ガレット生地 材料】5〜6枚分

- 日穀製粉「ガレットミックス粉」…150g
- 水…300g、
- XV.オリーブオイル…適量

【ガレット生地 作り方】

1. ボウルに水を入れ、ガレットミックス粉を3〜4回に分けて加え、ダマにならないよう泡立て器でその都度よく混ぜる。
2. フッ素樹脂加工された直径30cmの炒め鍋にオリーブオイルを入れて弱火にかけ、オリーブオイルを全体に広げる。
3. 1を1枚につき80mlほど流しながら炒め鍋を大きく回し、生地を薄く均一に広げる。
4. 弱火で焼き、生地が縁の方からめくり上がってきたら裏返し、全体にぷつぷつと泡が出てくるまで火を通す。

【カツレツガレット 材料】1人分

- ガレット生地…1枚
- 焼肉用赤身牛肉…2枚
- パルミジャーノ…大さじ3〜4
- 溶き卵…適量
- EXV.オリーブオイル…大さじ2
- 塩・黒胡椒…各適量
- トマトスライス…2枚
- ルッコラ…3茎

【カツレツガレット 作り方】

1. 牛肉を肉叩きで叩いて薄くのばし、塩、黒胡椒を振り、パルミジャーノを両面にたっぷりまぶす。
2. 1に溶き卵をつける。
3. フライパンにオリーブオイルを入れて熱し、2を両面ソテーする。
4. 器の上に焼いたガレット生地を広げ、左右上下から内側に折り込む。
5. 4にルッコラをのせ、3とトマトスライスを交互に並べ、パルミジャーノと黒胡椒を振る。

あずきのシフォンケーキ

| 使用商材 | 吉原食糧「ぎゅっとポリフェ」 | → 商材紹介は P.035 |

ゆであずきをブレンドした和風のシフォンケーキ。「ぎゅっとポリフェ」の効果で、もっちり・しっとりとした食感に仕上がる。

【材料】直径14cm シフォンケーキ型 1台分

- 卵黄…2個分
- 上白糖…45g
- EXV.オリーブオイル…25ml
- ゆであずき…135g
- ぎゅっとポリフェ…52g
- 卵白（Lサイズ）…3個分

盛り付け
- ホイップクリーム
- ミント

【作り方】

1. ボウルに卵黄、半量の上白糖を入れ、泡立て器ですり混ぜる。
2. 1にオリーブオイル、ゆであずきを順に加え、やさしく混ぜる。
3. 別のボウルに卵白と残りの上白糖を入れて泡立て、メレンゲを作る。
4. 2のボウルにふるった「ぎゅっとポリフェ」を入れてやさしく混ぜる。
5. 4に3のメレンゲを3回に分けて加えながら、切るようにさっくり混ぜる。
6. 5をシフォン型に流し、180℃のオーブンで20〜25分焼成する。
7. 冷まして型からはずし、切り分けて器に盛りつけ、ホイップクリームを添えてミントを飾る。

【おすすめポイント】

粉質がなめらか
小麦を丸ごと挽いているのに、全粒粉のようにザラザラしていなくてなめらか。色も全粒粉ほど濃くなく、小麦の風味がしっかり出せます。

お野菜キッシュ

| 使用商材 | 吉原食糧「ぎゅっとポリフェ」 | → 商材紹介は P.035 |

彩り野菜を入れたヘルシー感覚のキッシュ。「ぎゅっとポリフェ」を使うことでタルトがサクサクの食感に焼き上がり、アパレイユのなめらかさを引き立てる。

【材料】直径12cm タルト型 3台分

パートブリゼ
- 食塩不使用バター…60g
- 全卵…35g
- 水…5ml
- ぎゅっとポリフェ…115g
- 塩…2g

アパレイユ
- 全卵…35g
- 卵黄…12g
- 35％生クリーム…85ml
- 塩/黒胡椒…各適量

フィリング
- トマト…1/9切れ×3
- ズッキーニ…2枚×3
- なす…2枚×3
- シュレッドチーズ…25g×3
- 塩/黒胡椒…各適量

盛り付け
- ローズマリー
- 野菜サラダ
- 寒天ジュレ
- バルサミコドレッシング

【作り方】

1. パートブリゼを作る。室温に戻したバターに溶いた卵を少しずつ入れ、ゴムべらですり混ぜる。

2. 1に水を加えて混ぜ、ふるった「ぎゅっとポリフェ」と塩を加え、切るようにさっくりと混ぜる。ひとまとめにして冷蔵庫で30分以上ねかせる。

3. 2をめん棒でタルト型よりやや大きめにのばし、型に敷いてピケする。

4. タルトストーンをのせて180℃のオーブンで20分焼き、タルトストーンをはずしてさらに10分くらし焼成して、充分に冷やす。

5. 4にチーズを半量ちらし、5mm厚の輪切りをさらに4等分に切ったトマト、7mm厚の輪切りにしたズッキーニとなすを並べ、塩、黒胡椒をふる。

6. ボウルにアパレイユの材料を入れて泡立て器でよく混ぜ合わせ、漉しながら⑤に入れて、残りのチーズをまんべんなくちらす。

7. 180℃のオーブンで35〜40分焼成する。ローズマリーを飾り、サラダを添えて盛りつける。

【おすすめポイント】

粉質がなめらか
小麦を丸ごと挽いているのに、全粒粉のようにザラザラしていなくてなめらか。色も全粒粉ほど濃くなく、小麦の風味がしっかり出せます。

生地がダレにくい
タルト生地は作業中に生地がダレてしまいがちですが、『ぎゅっとポリフェ』を使うと生地がダレにくく、型に敷く作業などもしやすいですね。

ロスティ・フォカッチャサンド

| 使用商材 | M-INDUSTRY Japan スイスデリス「ロスティ」 | → 商材紹介は P.035 |

生ハムとベビーリーフを挟んだイタリア風のサンドイッチ。フォカッチャ生地に、じゃがいもを細切りにした「ロスティ」を混ぜ込んで焼き、じゃがいもの持つ旨味や食感をプラスした。

【材料】25 × 25cm 角型2台分

トマトのマリネ
- ミニトマト …24個
- 塩 …少々
- ドライオレガノ… 小さじ1
- EXV.オリーブオイル… 大さじ2〜3

- ピッツァ用ミックス粉 …700g
- A [ドライイースト…7g
     ぬるま湯…370〜380g]
- ロスティ… 200g
- EXV.オリーブオイル …適量

【作り方】

1. ミニトマトのへたを取って縦半分に切り、塩、ドライオレガノ、オリーブオイルを混ぜたマリネ液に漬け込んで、トマトのマリネを作る。

2. 生地を作る。ボウルにピッツァ用ミックス粉を入れ、Aを混ぜたものを2回に分けて加えながらこねる。

3. 軽くほぐしたロスティを2に入れ、さらにこねる。

4. 3の生地がボウルにつかなくなったらひとまとめにし、内側にオリーブオイルを塗ったボウルに入れ、暖かい場所で45分ほど発酵させる。

5. 4が1.5倍ぐらいまで発酵したら、オリーブオイルを塗った型に広げる。

6. 1の切り口を下にして5の表面に均等に並べ、マリネ液を全体にかける。

7. 6を室温に20〜30分置いた後、185℃のオーブンで30〜40分焼成する。

【仕上げ 材料】1人分

- ロスティ・フォカッチャ… 1/6切
- ベビーリーフ …10g
- 生ハム…1枚

【仕上げ 作り方】

1. ロスティ・フォカッチャを1台につき6等分にカットし、さらに横半分にスライスする。

2. 生ハムとベビーリーフを1で挟む。

HERSHEY'S
SINCE 1894

チョコかキャラメル欲しいのはどっち？

NEW!

チョコレートシロップ 623g

スイーツやチョコレートミルクに欠かせないハーシーのロングセラーチョコレートシロップです。

NEW!

キャラメルシロップ 623g

デザートはもちろん、パンケーキやアレンジコーヒーにも幅広く使えるキャラメルシロップです。

リードオフジャパン株式会社　〒107-0062 東京都港区南青山7-1-5 コラム南青山2F　TEL.03-5464-8170　http://www.lead-off-japan.co.jp

食材編

NEWレシピ

素材と素材、人と人をつなぐ
上質な和のプレミアムシロップ

わつなぎ
サントリーフーズ

和糖にこだわり、和の素材本来の味わいを表現

沖縄産黒糖、北海道産てんさい糖など、和糖にこだわり、コクがありながら柔らかな甘みを実現。ゆずや生姜などのフレーバー素材は産地限定の国産素材を使用し、それぞれの素材が持つ味わいが生きています。

様々なメニューでアレンジしやすい"淡甘"設計

甘すぎず上品な味わいに仕上げた淡甘（あわあま）のシロップです。素材本来の味わいが生きているので、ドリンク、フード、デザートなど様々なメニューにアレンジしやすいのが魅力。創り手の豊かなアイデアと、お店のオリジナリティを手軽に、魅力的にアピールすることができます。

 ←わつなぎを使用したレシピは、こちらのWebサイトからもご覧いただけます。

サントリーフーズ ／ わつなぎ ／内容量：250ml瓶、500ml瓶 / 全7種 / サントリーお客様センター TEL 0120-139-320
http://suntory.jp/WATSUNAGI

柚子蜜ソーダ

【材料】 グラス：250ml / ピッチャー：40ml

- わつなぎ ゆず…25g
- ゆずの皮…適量
- 氷…適量
- 炭酸水…75ml

【作り方】

1. グラスにわつなぎ ゆず、ゆずの皮を入れる。
2. グラスの高さまで氷を入れ、炭酸水を注ぐ。
3. わつなぎ ゆずをピッチャーに入れ、添える。

ジンジャーみかんソーダ

【材料】 グラス：300ml

・わつなぎ 生姜…20g
・氷…適量
・みかんジュース…70ml
・炭酸水…40ml

【トッピング】
・ドライみかん…2枚
・ミント…1トッピング

【作り方】

1. グラスにわつなぎ 生姜を入れる。
2. グラスの高さまで氷を入れ、みかんジュース、炭酸水を注ぐ。
3. ドライみかん、ミントをトッピングする。

すだち&トマトの朝食パフェ

【材料】パフェグラス：直径9cm × 高さ15cm

- ミニトマト（冷凍）…10〜11ケ（107g）
- ヨーグルト…100g
- メープルシロップ（アンバー）…10g
- 玄米グラノラ…10g
- わつなぎ すだち…8g

【トッピング】
- ヨーグルト…15g
- ミニトマト…2ケ
- 玄米グラノラ…10g
- チコリ…1枚（7g）
- すだちの皮…2g
- わつなぎ すだち…2〜3g

【作り方】

1. ミキサーに、ミニトマト（冷凍）・ヨーグルト・メープルシロップ・玄米グラノラ・わつなぎ すだちを入れ、撹拌する。

2. パフェグラスに、ヨーグルト15gを静かに入れ、薄くカットしたミニトマトをグラスの横に貼り付け、1を静かに注ぐ。

3. 玄米グラノラを全体に散らし、縦に4等分にしたミニトマト・縦半分にカットしたチコリ・すだちの皮をトッピングする。

4. わつなぎ すだちをミニトマトにかける。

抹茶 & クランベリーのふわふわマフィン

【材料】マフィン7個分　マフィンカップ：直径8cm

- 卵白(L)…2個
- グラニュー糖…40g
- 卵黄…2個
- ヨーグルト…10g
- わつなぎ 抹茶…15g
- 薄力粉…50g
- 抹茶パウダー…3g
- ドライクランベリー…30g(30粒)
- 粉砂糖…適量

【作り方】

1. ボウルに卵白を入れ、少し泡立て、グラニュー糖を入れ、さらに泡立て、しっかりしたメレンゲを作る。
2. ボウルに卵黄を入れほぐし、ヨーグルトを入れなじませる。
3. わつなぎ 抹茶を入れ、かるく混ぜ、ふるった薄力粉と抹茶パウダーを入れ、さっくりと混ぜる。
4. メレンゲを2〜3回に分けて切るように混ぜ、ドライクランベリーを入れさっくり混ぜる。
5. マフィンカップに14番ディッシャーで生地を入れ、粉砂糖を振ってから、180℃で15分焼成する。

豚肉のカラメルコクだれバーガー

【材料】木製トレー：24 × 16cm

- バンズ（全粒粉バンズがおすすめ）…1個
- 豚ロース薄切り肉…80g
- 塩/黒こしょう…各適量
- 薄力粉…少々
- なす…1本（80g）
- 大葉…4枚
- エクストラバージン オリーブオイル…大さじ2〜3
- グリーンリーフ…少々
- 七味唐辛子…お好み
- ミニトマト…1個

【カラメルコクだれ】
- わつなぎ 焦がし砂糖…15ml
- わつなぎ 生姜…8ml
- にんにく…少々（0.4g）
- しょう油…5ml
- 酒…3ml

【作り方】

1. バンズをトースターで軽く焼く。
2. 豚ロース薄切り肉は切らずに、塩・黒こしょうで下味をつけ、薄力粉をふるっておく。
3. なすは、ヘタを取り、縦半分に切って、皮目に格子状に浅い切り込みを入れる。
4. 大葉は千切りにする。
5. フライパンに、エクストラバージン オリーブオイルを入れ火にかけ、なすを皮目から入れる。こんがりするまで焼き、裏返して弱火で焼き、バットに取り出しておく。
6. 5のフライパンをさっと拭き、エクストラバージン オリーブオイルを入れ、中火で2を並べて焼き、カラメルコクだれを加え絡め、ツヤが出たら火を止める。
7. バンズ、グリーンリーフ、6、5、七味唐辛子、大葉の順にのせ、皿に盛る。
8. ミニトマト、フライドポテトを添える。

【カラメルコクだれ】
わつなぎ 焦がし砂糖、わつなぎ 生姜、すりおろしたにんにく、しょう油、酒を合わせる。

イタリアで最も愛される国民的フルーツドリンク

ヨーガ　スッコ・ディ・ペスカ（ピーチ）
モンテ物産

モンテ物産／ヨーガ／
内容量　200ml瓶／全7種
TEL 0120-348-566
http://www.montebussan.co.jp

※2017年IRI、ニールセン調べ（イタリア国内マーケットシェア）

バリエーション豊かな味で瓶もかわいいドリンク

70年以上イタリアで愛され続け、シェア率ナンバー1（※）を誇るフルーツドリンク「ヨーガ」。とろりとした舌ざわりと濃厚な果実の旨み、バランスのとれた酸味、香り高い風味は、まさにフレッシュフルーツをそのまま搾ったようなおいしさだ。

その味わいは、もちろんそのままでも十分楽しめるが、他の飲料や食材との相性のよさは、抜群のポテンシャルとパフォーマンス力がある。「カフェやレストランをはじめ様々なシーンで活躍できます。ドリンク、デザートにとどまらず、冷製スープなど料理にもアレンジが楽しめます」と富田先生は話す。

また、刻印入りのクラシカルな形のガラスボトルは、そのおしゃれな見た目を利用すれば、SNS映えも狙える商材だ。

スッコ・ディ・ペスカのティーソーダ

濃厚、フレッシュ感のある「スッコ・ディ・ペスカ（ピーチ）」のおいしさを、コンデンスミルクの甘さが引き立てたデザートドリンク。見た目よりもあっさりとした味わいで、シュワっとしたティーソーダで清涼感のある後味を演出。

【材料】1人分（直径6cm、高さ18cmのカクテルグラス）

- ヨーガ スッコ・ディ・ペスカ（ピーチ）　100ml
- コンデンスミルク　15g
- 白桃（冷凍でダイス状のもの）　42g
- 氷　適量
- 炭酸水　65ml
- アイスティー（アールグレー）　30ml
- ミント　1トッピング

【作り方】

1. グラスにコンデンスミルクを入れる。
2. 白桃を加える。
3. 氷はグラスの高さまで入れ、スッコ・ディ・ペスカを注ぐ。
4. さらにアイスティー、炭酸水の順にゆっくり注ぎ入れ、ミントを飾る。

スイーツにもデリ惣菜にも
マルチに活躍するコーン

グラノーラコーン
日世

**ヘルシーさと食感が魅力
デリ惣菜とも相性抜群**

ソフトクリーム関連のアイテムを豊富に揃えている『日世』では、多彩な風味・形状のコーンも用意。「グラノーラコーン」は、健康志向の人から需要の高いシリアル・グラノーラを取り入れた、新感覚コーン。原料にオーツ麦や小麦胚芽など食物繊維を含む素材を使い、ヘルシーとグラノーラらしいザクザクとした食感のよさを打ち出している。

ほかのコーンに比べて甘さは控えめで、シリアルを思わせる素朴な味わいを活かしており、ソフトクリームのみならず、サラダや肉料理のような惣菜とも相性抜群。おしゃれなデザインのスリーブ付きで、口径が広く盛りつけもしやすいため、ワンハンドデリなど可食容器としての活用も期待できる。

日世／グラノーラコーン／全長：140mm／スリーブ付き
TEL 072-624-0001
https://www.nissei-com.co.jp

キーマカレー風

【材料】(1人分)

- グリーンリーフ…7g+8g
- 日世「グラノーラコーン」…1個
- キーマカレー…50g
- ミニトマト(4等分に切る)…1個分
- うずら卵の目玉焼き…1個分
- パセリのみじん切り…0.1g
- 黒胡椒…少々

【作り方】

1. グリーンリーフ(7g)を一口大にちぎり、「グラノーラコーン」の中に入れる。
2. グリーンリーフ(8g)を「グラノーラコーン」の縁に沿わせるように入れ、キーマカレー、ミニトマト、うずら卵の目玉焼きを盛る。
3. キーマカレーにパセリのみじん切りをかけ、うずら卵に黒胡椒をふる。

色彩鮮やかな ドリンク用ベース

「ごほうび果樹園」は全5種類のラインナップ

白桃　フルーツ含有率 84.0%

キウイ　フルーツ含有率 45.0%

レッドグレープフルーツ　フルーツ含有率 84.8%

りんご　フルーツ含有率 60.0%

オレンジ　フルーツ含有率 68.5%

ごほうび果樹園

日世

果肉の食感がたっぷり！贅沢なドリンクベース

炭酸水などを混ぜるだけでドリンクメニューがつくれる、業務用のドリンクベース。フルーツ果肉をしっかり残しているのが特徴で、生から手作りしたようなフレッシュ感が手軽に出せる。一番人気の白桃をはじめ、オレンジ、キウイなど計5種類を揃えている。

コールドドリンクだけでなく、カフェメニュー全般に使える汎用性の高さも魅力。たとえば、紅茶と合わせてホットドリンクに。アルコールと合わせて彩り豊かなカクテルに。ノンアルコールカクテルにもアレンジが可能だ。ケーキやパフェ、かき氷にもそのままかけるだけで贅沢な一品に早変わり。カフェのオペレーションをスムーズにしながら、高単価メニューの提供を可能にしてくれる。

日世／ごほうび果樹園／内容量：500g／全5種
TEL 072-624-0001
https://www.nissei-com.co.jp

キウイ&アイスレモネード

【材料】(1人分)

- レモン果汁飲料…70ml
- シュガーシロップ…25ml
- ミントの葉…3～4枚
- 水…100ml
- 氷…12個
- 日世「ごほうび果樹園 キウイ」…12g+6g
- キウイフルーツ(角切り・冷凍)…6g
- トッピング用ミントの葉…適量

【作り方】

1. ミキサーにレモン果汁飲料、シュガーシロップ、ミントの葉、水、氷を入れて撹拌する。
2. グラスに「ごほうび果樹園 キウイ」(12g)を入れる。
3. 2に1を注ぎ、キウイフルーツと「ごほうび果樹園 キウイ」(6g)をのせ、ミントの葉を飾る。

45年のロングセラー
アメリカ生まれの飲むチョコレート

チョコレートドリンク

丸源飲料工業

ロスが出にくい、1杯分のスティックパック

1974年の発売以来、根強い人気を誇るチョコレートドリンク。コクのあるおいしさと、お湯に溶くだけという手軽さ、そして様々なデザートに応用できる使い勝手の良さが、ロングセラーの理由だ。

「1杯分の使い切りタイプなので、計量不要でスピーディーな提供が可能。ドリンクはもちろん、チョコレートスイーツのベースにもなるし、少量の湯で溶かせばチョコレートソースにもなります。ロスが出にくいので、個人カフェには本当に便利だと思います」と、富田先生も太鼓判をおす。

ドリンク、デザート、トッピング、どんなメニューにも対応できる、チョコレートドリンク。忙しいカフェオーナーの頼もしい味方になってくれるだろう。

丸源飲料工業/ハーダース チョコレートドリンク ／ スティックパック 30g×20本入り/
TEL 03-3617-0121（代）
https://marugen.com

198

オレンジシナモンのチョコプリン

チョコレートと相性のよいオレンジとシナモンをアクセントにした、リッチなプリン。「リキッドタイプのチョコレートドリンクなので、軽く混ぜるだけで他の材料とスムーズに馴染みます」と富田先生。

【材料】3個分（直径8.5cm、高さ6.5cmの耐熱グラスを使用）

チョコレートドリンク…3本

A
・牛乳…200ml
・生クリーム(乳脂肪分35%)…50ml
・上白糖…40g
・オレンジとシナモンのハーブティー…6g
・卵(Lサイズ)…2個
・卵黄…1個

B
・オレンジ…9房
・メープルシロップ…9g
・ホイップクリーム…225g
・ジュエリーシュガー(青・ピンク・緑)…各3g
・シナモンスティック…1と1/2本
・オレンジピール…3個

【作り方】

1. 小鍋にAを入れ、弱火で加熱する。温まったら火を止めてフタをし、5分蒸らす。

2. ボールにチョコレートドリンクを入れる。再び温めた1を漉しながら加え、混ぜる。

3. 別のボールに卵と卵黄を入れて混ぜ、粗熱がとれた2を加え混ぜる。再度漉してから、グラスに均等に注ぎ入れる。

4. 天板にぬるま湯をはり、グラスを並べ、160度に予熱したオーブンで25分～30分湯煎焼きにする。オーブンから取り出し、粗熱がとれたら冷蔵庫で冷やす。

5. Bを上から順に、それぞれ1/3量ずつトッピングする。

宝石のようにきらめくゼリー。注ぐだけで華やかデザートに！

モナジュエル
丸源飲料工業

レインボーカラーで重ねる程おいしく、楽しい

キラキラと輝くゼリー、モナジュエルは、フォトジェニックなデザート作りの強い味方。容器に移したり、クラッシュしたりという手間は一切不要で、注ぐだけの簡単オペレーション。全部で7色あるので、流行のレインボーメニューもお手のものだ。

「他の食材の風味を引き立ててくれるので、旬のフルーツとからめたり、かき氷やムースのトッピングにしたりと、いろんな使い方が出来ます。メニューの幅が広がりますね」と富田先生。

ノンアルコールだから、お子さま向けスイーツにも安心して使えるのもうれしいポイント。カラフルでおしゃれなゼリーは、店の魅力をワンランクアップさせてくれること間違いなしだ。

丸源飲料工業／ハーダース モナジュエル ／ 全7種類：シャンパンゴールド、ピーチロゼ、モヒートグリーン、バイオレット、ミモザオレンジ、ベリールージュ、ラグーンブルー ／ 荷姿：L-アルミカートン（口栓付き）720ml×12本／
TEL 03-3617-0121（代）
https://marugen.com

200

レインボージュエル

モナジュエルを重ねるだけで完成する、SNS映え抜群なゼリードリンク。「今回は4種を重ねましたが、お好みで増減してください」と富田先生。重ねる順番や組合せを変えると、印象も変わりそうだ。

【材料】1杯分（直径8cm、高さ11cmのグラスを使用）

キウイスライス（花型にくり抜く）…3枚
いちごスライス…2枚
A
・モナジュエル　ラグーンブルー…60g
・モナジュエル　モヒートグリーン…120g
・モナジュエル　シャンパンゴールド…100g
・モナジュエル　ベリールージュ…50g

B（事前に混ぜあわせておく）
・IQFカットフルーツ　マンゴーチャンク…4ヶ
・IQFカットフルーツ　ゴールデンパインアップル
　チャンク…3ヶ
・フルーツデザート クリエーター…20g

ミント…1枝
いちご…1粒

【作り方】

1. グラスにキウイスライスといちごスライスを貼り付ける。
2. Aを順に入れる。
3. Bをトッピングして最後にミントをのせ、いちごをグラスの縁に飾る。

果汁値50％以上の濃厚な味 旬のフルーツをリアルに再現！

モナン フルーツミックス
日仏貿易

通年で付加価値の高いメニューを提供

良質なシュガーとフルーツピューレをブレンドした果肉入りドリンクベース。レッドグレープフルーツやストロベリーなど全17種類を用意。フレイバー果汁値50％以上（あずき・フルーツミックスを除く）、フルーツがふんだんに使われ、果肉の味も香りも食感も楽しめる。

「フレッシュフルーツの賞味期間は短いが、フルーツミックスは開封後、常温で1カ月使用可能。しかも、フルーツには旬があるため期間が限定されてしまうが、同商品を使えば季節に関係なくリアルなフルーツフレイバーの再現ができ、コストダウンにもつなげやすい。加糖の必要がないので、オペレーションもスピーディー。シンプルなレシピに、ひと手間加えるだけで付加価値の高いメニューになります」と、富田先生。

日仏貿易／モナン フルーツミックス／内容量:1Lボトル17種、500mlボトル4種／全21種
TEL 0120-003-092
https://www.monin.com

シナモンコーヒー&レッドグレープフルーツ

マイルドな苦みで後味もさわやか。レッドグレープフルーツ、コーヒー、泡の3つの層ができるので見た目も華やか。個性的な型抜きでシナモンパウダーの模様を描くことで、店のカラーも出せる。

【材料】(1人分)

モナン レッドグレープフルーツ・フルーツミックス　30g
モナン シナモン・シロップ　12ml
アイスコーヒー(無糖)　120ml
氷　5～6個
シナモンパウダー　適量

【作り方】

1. グラスにモナン レッドグレープフルーツ・フルーツミックスを入れる。
2. シェイカーにモナン シナモン・シロップとアイスコーヒーを入れて、シェイクする。
3. 氷をグラスの高さまで入れてから2を注ぐ。
4. 泡の上に型を置いて、シナモンパウダーをふるう。

キンモクセイのアイスティー&レッドグレープフルーツ

紅茶に合うキンモクセイとレッドグレープフルーツを加えることで、オレンジ色が際立つ清涼感のあるメニューに。飲むときに飾りのグレープフルーツを絞ると香りも楽しめることもアピールできる。

【材料】(1人分)

モナン レッドグレープフルーツ・フルーツミックス　30g
モナン キンモクセイ・シロップ　12ml
アイスティー(アールグレイ／無糖)　120ml
氷　5〜6個
グレープフルーツ　適量

【作り方】

1. グラスにモナン レッドグレープフルーツ・フルーツミックスを入れる。
2. シェイカーにモナン キンモクセイ・シロップとアイスティーを入れてシェイクする。
3. 氷をグラスの高さまで入れ、2を注ぐ。
4. 型を抜いたグレープフルーツをグラスのふちに飾る。

COLUMN 01

食材の探し方と上手な使い方

業務用の食材は小売店で取り扱いのないものが多く、カフェオーナーからよく「情報を入手しにくい」という声が聞かれます。
探す方法としては、

- 食材・機器・サービス・情報がそろう、業務用専門の展示会に足を運ぶ
- 業務用食材を取り扱うメーカーのインターネットサイトを見る
- 飲食店向けのネットショップを見る
- カフェの専門誌を購読する

などがあります。ほかに、取引のある仕入れ業者に相談したり、日頃から交流のある同業者におすすめの食材を教えてもらったりしている方もいます。

興味のある食材を見つけたら、ぜひサンプルを取り寄せましょう。サンプルにかかる費用は、メーカーによって無料と有料があり、有料でも割引価格で譲ってくれる場合もあります。たとえ有料でも、味や機能を確かめるため必ず一度は取り寄せて試食や試行を行うようにしましょう。

食材選びのポイントは、まず対象となる食材を一から手づくりしてみることです。たとえば、チョコレートシロップを探しているなら、まずは自分が求める味のチョコレートシロップをつくり、基準となる味を決めます。そして、数社のチョコレートシロップのサンプルを取り寄せ、その中から自分が求める味に近いものを見つけるのです。ただ単においしさや価格で選ぶのではなく、自分の店でどんな味を提供したいのか明確にした上で、納得のいく味と品質のものを選ぶことが重要です。

食材の具体的な活用方法がわからない方は、まず本書で紹介しているレシピ通りにメニューを仕上げてみてください。うまくつくれたら少しずつアレンジを加えて、オリジナルメニューにしていきましょう。

AMENDORO

- ヨーグルトにかけて
- ホットケーキにぬって
- お餅につけて
- パンにつけて
- フルーツにかけて
- アイスクリームにのせて
- 紅茶・珈琲に入れて
- 焼酎のお湯割に入れて
- そのままスプーンで
- 料理の調味料に

ヘルシー＆ナチュラルスイート 100% さつま芋

南薩摩半島の伝承の芋蜜

あめんどろ®

"あめんどろ"とは南薩摩半島の方言で、さつま芋の芋蜜のこと。
唐芋農場の「あめんどろスィートポテトシロップ」は、
唐芋伝来三百年の伝統の技と時代の叡智を結集して誕生した、
100％さつま芋でつくる、
カラダにやさしい無添加のナチュラル・シロップです。
心とろかす３つの美味しさをご堪能ください。

- **抗酸化力** ハチミツの約30倍！
- **低GI値** 血糖にやさしい薩摩芋が原料！
- **食物繊維** 芋蜜だけの食物繊維！
- **ポリフェノール** メープルシロップの約12倍！
- **ビタミン・ミネラル** 太陽と大地の恵みがいっぱい！

当社試験データより

鹿児島県新加工食品コンクール大賞（県知事賞）受賞
鹿児島県特産品協会理事長賞受賞

農業法人 **唐芋農場** http://www.karaimo.co.jp
〒891-0705 鹿児島県南九州市頴娃町上別府9693番　tel.050-3786-4132

機器紹介

おすすめ

エフアンドビー
「ワッフルベーカー」

店でワッフルを焼いたときに漂う甘くこうばしい香りは、大きな武器になる。専用の機器を導入して、カフェの看板メニューにするのも一案。エフアンドビーの「ワッフルベーカー」は、均一的な熱伝導がはかれることで、全体がむらなく焼ける。1回につき1分半から2分程度と素早く焼けるので、ランチタイムのように忙しい時間帯にも助かる。焼き上がりも本場の味に近く、様々なメニューに活用できそうだ。

エフアンドビー
TEL 03-3893-0456

→ レシピは P.216 / P.218

キーコーヒー
「Noi クリスタルドリッパー」

キーコーヒーの『Noi クリスタルドリッパー』は、独自のダイヤカット形状がポイント。斜面に沿って湯がジグザグにゆっくり流れることで最適な抽出スピードを保ち、おいしさを引き出してくれる。技術がまだ熟練していないアルバイトが淹れても、中央に円を描くよう湯を注ぐだけで、安定した味が出せる。デザイン性も高く、抽出シーンもアピールできる。丸みがあってコーヒー液が撹拌しやすい『KEY コーヒーサーバー』とセットで使うと、便利さが実感できる。

キーコーヒー お客様センター
TEL 0120-192008

→ レシピは P.220 / P.222

中部コーポレーション
「カップブレンダー」

様々なドリンクが作れるブレンダーをさらに進化。カップに材料を入れて直接ミキシングできるようにした定番のマシンだ。

中部コーポレーション
E-mail food@chubu-net.co.jp

→ レシピは P.224 / P.226 / P.227

SM281B

日世　ソフトサーバー
NA-9524AE「スリムギア」

厨房のちょっとしたスペースにも置きやすいよう、本体をスリム化させた日世のソフトクリームサーバー。シルバーとブラックを基調にしたデザインにも注目だ。

日世
TEL 072-624-0001

→ レシピは P.228

PRINCESS®
「フードドライヤー」

オランダのキッチン家電ブランド「PRINCESS®」のフードドライヤーは、自分で手軽にドライフードが作れる機器。6段トレイで大量の作り置きができ、サイズは意外にコンパクト。温度やタイマー設定機能付きで、作る手間もかからない。ドライフードは素材の水分を蒸発させることで保存性が高まり、栄養価を損なうことなく味も凝縮するのが魅力。自家製なら砂糖や保存料を使わず、好みの状態に仕上げられる。話題のローフードにも挑戦できるなど、カフェでも活用範囲が広そうだ。

COREDO
TEL 03-5643-9277

→ レシピは P.230 / P.232

日本ニーダー
「業務用パンニーダー」

日本ニーダーの「業務用パンニーダー」は、「こね」に特化した生地づくり専用機器。特許を取得した羽根がポイントで、手ごねするような動きでこね、常に安定した生地ができ上がる。モーター熱をカットする設計により、連続使用も可能。「作動音も大きくなく、家庭用電源でOKだから、小規模店でも導入しやすいですね」（富田先生）。天然酵母やレーズンなどの副材料を入れた生地も作れる。必要なときに組み立てられる発酵器を合わせて使うと、小さなカフェでも自家製パンが実現できそうだ。

洗えてたためる発酵器PF102

パンニーダーPK2025

日本ニーダー
TEL 0120-481-484

→ レシピは P.234 / P.236

タイガー魔法瓶
「電気式コンパクトピッツァ窯」

小規模店でも低コストで導入できる、コンパクトな業務用電気式ピッツァ窯。家庭用100V電源で使用でき、光熱費はガス窯の約1/6、200V電気窯の約1/2と、低ランニングコストを実現。タイル職人が1台ずつ手貼りした赤いタイルのかわいらしいデザインも、カフェのインテリアにマッチする。焼成温度は180〜320℃、タイマーは10秒〜60分まで、ダイヤルで設定できる簡便な操作性も魅力。肝心の焼き上がりも、高密度炭プレートと遠赤外線カーボンヒーターの採用により、薪窯で焼いたような本格的なピッツァを短時間で焼くことができる。2016年に発売を開始し、現在カフェや喫茶店、ホテル、居酒屋などに導入が広がっている。

タイガー魔法瓶
TEL 0570-011101

→ レシピは P.238 / P.240

電気式コンパクトピッツァ窯KPX-S300

VERMICULAR（バーミキュラ）
「オーブンポットラウンド」

海外製の鋳物ホーロー鍋が出回る中、バーミキュラは国産品として注目を集めているブランド。フタと本体の接地面を精密加工することで気密性を高め、素材の旨味や栄養を逃さず調理する「無水調理」を得意とする。「りんごのコンポートを作ってみましたが、りんごらしい食感や味を活かしつつ、短時間ででき上がりました。素材にじっくり火が入るので、煮込みメニューもおいしくでき、鍋ごと提供するとテーブルの上で映えます」（富田先生）。他にも蒸す、炊く、焼くなどの調理が可能で、多彩なメニューに活躍しそうだ。

バーミキュラ オーブンポットラウンド
22cm ナチュラルベージュ

バーミキュラ コールセンター
TEL 052-353-5333

→ レシピは P.242

エス・シー・テクノ
「マルチシェフ フードプロセッサー」

"日本発想"の「マルチシェフ フードプロセッサー」は、使いやすさと安全性を追求した調理機器。関の刃 正広製の刃で野菜を1㎜の薄さに素早く均一にスライスし、プロらしく仕上がる。また、モーターの熱を食材に伝えにくい構造になっており、アボカドも変色せず色鮮やかにカッティングできる。「これなら肉のミンチにも使えますね。ほかにも、誤作動を防ぐ設計、女性にも使いやすい両取っ手形状など、随所にきめ細かな配慮が施されています。使えば使うほど便利さを実感できる機器です」と富田先生。

MC-1000FPM

エス・シー・テクノ マルチシェフ
TEL 03-4314-1892

→ レシピは P.244

エス・シー・テクノ
「マルチシェフ ブレンダー」

マルチシェフのブレンダーは、独自に開発されたマグネット・ギヤにより、モーターに水分が入りにくい構造で、従来のブレンダーと比べて故障が少ないのが特徴。6枚刃でコーンも漉す必要がないほど、素早くなめらかに撹拌できる。「熱い食材も加工でき、手元のつまみでスピード調節ができるなど、使い勝手もいいですね。部品を細かく分解して洗浄できたり、主電源スイッチを付けたりといった、不意の事故を減らす配慮もされています。安全に使えて能力も優れたブレンダーだと思います」(富田先生)。

エス・シー・テクノ マルチシェフ
TEL 03-4314-1892

→ レシピは P.246

212

サンテックコーポレーション
「ワッフルベーカー」

サンテックコーポレーションの「ワッフルベーカー」は、特別な技術がなくても簡単にワッフルが焼ける、カフェにおすすめの1台。ココアや抹茶を混ぜて自家製生地を作ったり、様々な形にアレンジしたり、1台あれば幅広く活用できそうだ。「今回は同社のソフトワッフルミックス粉で生地を作りましたが、巻いたりしても割れにくい、ソフトなワッフルが焼けました。アレンジしやすいワッフルで、見た目にも楽しいオリジナルケーキを開発してみてはいかがでしょう」(富田先生)。

サンテックコーポレーション
TEL 03-6746-9797

→ レシピは P.248

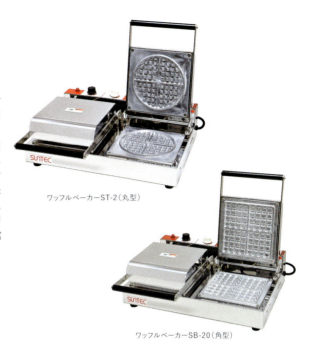

ワッフルベーカーST-2(丸型)

ワッフルベーカーSB-20(角型)

ホットスナッカー
HS-103

ビッグホットサンドメーカー
BHS-2

サンテックコーポレーション
「ホットスナッカー」
「ビッグホットサンドメーカー」

サンドイッチは調理に手間と時間がかかるものだが、ホットサンドならパンの上に具材をセットして焼くだけで、手早くボリュームたっぷりのサンドイッチを作ることができる。サンテックコーポレーションの「ホットスナッカー」は、2連タイプでも幅40cmほどと小型で、100V電源だから、小さなカフェでもすぐに導入可能。「ビッグホットサンドメーカー」は、食パンの耳まで全部焼けるタイプ。パンを余すことなく使え、よりボリュームのあるホットサンドが作れる。

サンテックコーポレーション
TEL 03-6746-9797

→ レシピは P.250

新感覚！泡立ちコーヒー
富田先生が「COLD CREMA(コールド クレマ)」の魅力を体験

アメリカで人気となった"泡のアイスコーヒー"が、近年さらに進化している。「コールドブリュー」と呼ばれる、低温抽出（水出し）のアイスコーヒーを掛け合わせることがトレンドになり、日本でもその波が広がりつつある。今回、キーコーヒーが全国の飲食店に提案中の、次世代型アイスコーヒー専用サーバー「KEY COLD CREMA ディスペンサー」を、富田佐奈栄先生に体験していただきました。

ビールのようにサーバーから注がれるスタイルで、これまでにないスタイリッシュなビジュアルが話題に。

「コールド クレマ」は、見た目も口当りも楽しめる新しい感覚のコーヒーだ。

ホームページでは"コールド クレマ"を提供する店舗も確認できる。

クリーミーでまろやかな味 新スタイルの泡立ちコーヒー

ニューヨークで大人気の"泡立ちコーヒー"を簡単に提供できるのが、キーコーヒーの「KEY COLD CREMA ディスペンサー」だ。空気を取り込んでアイスコーヒーを泡立てることで、まろやかな口当りのコールドクレマ コーヒーを抽出できる。

「スリムなコンパクトサイズなので、置く場所が小スペースで済むのは便利ですね。レバーも軽く、下げるだけで一定の泡が出るので、これなら新人のアルバイトの人でも簡単に操作ができます」と、富田先生。コールド クレマは、きめ細やかな泡の状態が長く続き、液体・泡が2層にわかれるまでの変化が楽しめるので、インスタ映えもするメニューになる。また飲む前に、泡立ちコーヒーのグラデーションの変化を楽しむことをすすめることで、お客とのコミュニケーションもとれそうだ。

そして、一番の魅力は「飲んだとき初めてクリーミーな泡が広がるので、苦みが少なくてもミルクやガムシロップを入れなくても、ほんのり甘みが感じられるのがいいですね。新感覚のアイスコーヒーなので、コーヒーの概念が変わると思います」（富田先生）。

ビールのように見えるので、会食のときなどでアルコールが苦手な人でも、違和感なく注文できる。"見た目も楽しめるノンアルコール"としても注目だ。コールド クレマは、カフェで付加価値のあるドリンクメニューとして、年間を通して提供できるメニューになるに違いない。

キーコーヒー　お客様センター　TEL 0120-192008（平日AM9:00～PM5:00）※土日祝日、年末年始は除く
ホームページ「COLD CREMA導入店リスト」 https://www.keycoffee.co.jp/coldcrema

機器編

レシピ紹介

アメリカンワッフル&グアバソース

| 使用機器 | エフアンドビー「ワッフルベーカー」 | → 機器紹介は P.208 |

しっとりと焼いたワッフルに、グアバジュースをベースにしたフルーティーな手作りソースをかけて。

【ワッフル生地 材料】約10枚分
- ロイヤルシェフ ワッフルミックス…1kg
- 牛乳…900ml
- 全卵(M)…5個
- マーガリンまたはバター…200g

【ワッフル生地 作り方】

1. ボウルに卵を溶きほぐし、溶かしたマーガリンを少しずつ入れながらハンドミキサーで混ぜる。
2. 1に牛乳を加えてミキサーで混ぜ、混ざったらワッフルミックス粉を2回に分けて加え、泡立て器で混ぜる。これを冷蔵庫で30分ほどねかせる。
3. 温めておいたワッフルベーカーに、2の生地を流し入れる。
4. フタをして2分焼成する。

【アメリカンワッフル&グアバソース 材料】1人分
- アメリカンワッフル…1枚
- ホイップクリーム…12g
- ナッツ(砕いたもの)…適量
- グアバソース★…30ml
- ミントの葉…適量

★ グアバソース
鍋に水(8g)、グラニュー糖(10g)、コーンスターチ(8g)を入れて火にかけ、50%果汁グアバジュース(195g)を加えて中火で加熱。仕上げにレモン汁(3g)を加え、とろみがつくまでさらに煮詰める。

【アメリカンワッフル&グアバソース 作り方】

1. アメリカンワッフルを4等分に切り、ボリュームが出るよう器に盛る。
2. 中央にホイップクリームを絞って全体にナッツをふり、グアバソースをかけてミントの葉を飾る。

えびカツワッフルサンド

| 使用機器 | エフアンドビー「ワッフルベーカー」 | → 機器紹介は P.208 |

揚げたてのえびカツフライを、焼きたてのワッフルでサンド。甘さ控えめなワッフルは、食事メニューにもよく合う。

【ワッフル生地 材料】約10枚分

- ロイヤルシェフ ワッフルミックス…1kg
- 牛乳…900ml
- 全卵(M)…5個
- マーガリンまたはバター…200g

【ワッフル生地 作り方】

1. ボウルに卵を溶きほぐし、溶かしたマーガリンを少しずつ入れながらハンドミキサーで混ぜる。
2. 1に牛乳を加えてミキサーで混ぜ、混ざったらワッフルミックス粉を2回に分けて加え、泡立て器で混ぜる。これを冷蔵庫で30分ほどねかせる。
3. 温めておいたワッフルベーカーに、2の生地を流し入れる。
4. フタをして2分焼成する。

【えびカツワッフルサンド 材料】1人分

- ベルジャンワッフル…1枚
- サニーレタス…大1枚
- えびカツ…1個
- ケチャップソース★…適量
- ミニトマト(黄)…2個

★ ケチャップソース
トマトケチャップ(30g)と中濃ソース(15g)をよく混ぜる。

【えびカツワッフルサンド 作り方】

1. ワッフルを半分に切り、1枚にサニーレタスを敷いて、揚げたえびカツをのせる。
2. えびカツの上にケチャップソースをかけ、もう1枚のワッフルをのせてピックで留め、ミニトマトとともに器に盛る。

氷温熟成珈琲
アイスコーヒー&チアシード

| 使用機器 | キーコーヒー「Noi クリスタルドリッパー」 | → 商材紹介は P.208 |

話題のスーパーフード「チアシード」を、アイスコーヒーにミックス。種のまわりがゼリー状になり、独特のぷるぷるとした食感の楽しさが加わる。コンデンスミルクを使ってベトナムコーヒー風に。

【材料】1人分

- チアシード入り氷温熟成珈琲 アイスコーヒー★…60ml
- コンデンスミルク…15g
- 氷…4個
- ホイップクリーム…20g
- シナモンパウダー…3振り
- チャービル… 適量

★チアシード入り氷温熟成珈琲 アイスコーヒー（作りやすい量）
- 氷温熟成珈琲 アイスコーヒー…200ml
- チアシード（黒・白ミックス）…9g
※コーヒーの抽出方法は「氷温熟成珈琲 アイスコーヒービーンズ」を参照

【作り方】

1. 氷温熟成珈琲 アイスコーヒーにチアシードを加えてかき混ぜ、冷蔵庫に入れて2時間〜一晩漬け込む。

2. グラスにコンデンスミルクを入れる。

3. 2に氷を入れ、1をかき混ぜてからバースプーンで受けながら静かに注ぐ。

4. スプーンでホイップクリームをすくってのせ、シナモンパウダーを振ってチャービルを飾る。

氷温熟成珈琲
アイスコーヒービーンズ・濃厚オレ

使用機器 キーコーヒー「Noi クリスタルドリッパー」　→ 商材紹介は P.208

ビーンズ型に凍らせたアイスコーヒーをグラスに入れ、生クリーム入りミルクを加えて溶かしながら飲む。
まろやかな味わいが特徴の「氷温熟成珈琲」に、コクのあるミルクがマッチ。

【材料】1人分

- 氷温熟成珈琲 アイスコーヒービーンズ★ …8個(178g)
- 牛乳…30ml
- 35％生クリーム…20ml
- シュガーシロップ… 20ml

★氷温熟成珈琲 アイスコーヒービーンズ
- 氷温熟成珈琲 アイスコーヒー粉…30g
- 湯…適量

【作り方】

1. Noi クリスタルドリッパーに円すい形コーヒーフィルターをセットし、コーヒーの粉を入れて粉の表面を平らにならす。
2. 中心から渦を描くように湯を注いで20～30秒蒸らし、再び中央で円を描くように数回に分けて湯を注ぐ。280mlほど抽出したところで、ドリッパーをはずす。
3. 2の粗熱をとってからコーヒービーンズ型に流し、冷凍庫で冷やし固める。
4. 3を型からはずしてグラスに入れる。牛乳と生クリームを混ぜ合わせたものとシュガーシロップを別添えにして提供する。

1

2

3

4

リコピン・フローズン

| 使用機器 | 中部コーポレーション「カップブレンダー」 | → 機器紹介は P.209 |

抗酸化作用があるといわれるトマトの赤い色素「リコピン」や、人参に含まれる「カロテン」といった栄養素が摂れる一品。トマトジュースが苦手な人にも飲みやすい、さわやかな飲み心地。

【材料】約400mlカップ1杯分

・トマト…120g
・冷凍オレンジ果肉…120g
・人参…70g

トッピング
・ミントの葉…適量

【作り方】

1. 野菜やフルーツを1cm角に切り揃え、硬いものから順に、材料をすべてカップに入れる。
2. 「ラージ2」のスイッチを押して攪拌し、ミントの葉を飾る。

【おすすめポイント】

**カップのまま
ミキシングできる**
すべての材料をカップに入れ、ミキシング設定をしてスイッチを押すだけ。お客様から見える場所に設置すれば、作りたてをアピールできます。

**スイッチ一つで
自動洗浄**
作るたびに水洗いするのは大変な作業。これは自動的に洗浄してくれるので助かります。切り刃も簡単に取り外して洗えるのでラクで。

ストレス解消・フローズン

| 使用機器 | 中部コーポレーション「カップブレンダー」 | → 機器紹介は P.209 |

ストレス解消に役立つとされるビタミンCを含むれんこんやフルーツをブレンド。南国フルーツの甘さが活きた、おしゃれなフローズンドリンク。マンゴーソースをかけて、カフェ向きに見映えよく仕上げる。

【材料】約400ml カップ1杯分

- れんこん…30g
- 冷凍パイナップル…50g
- 冷凍マンゴー…100g
- 冷凍レモン果肉…5g
- キューブアイス…100g
- 水…75ml
- 冷凍マンゴー…100g

トッピング
- マンゴーソース/ミントの葉…各適量

【作り方】

1 野菜やフルーツを1cm角に切り揃え、硬いものから順に、材料をすべてカップに入れる。

2 「ラージ3」のスイッチを押して撹拌し、マンゴーソースをかけてミントの葉を飾る。

疲労回復・フローズン

| 使用機器 | 中部コーポレーション「カップブレンダー」 | → 機器紹介は P.209 |

アボカドやバナナといった栄養価の高い素材を使ったヘルシードリンク。手軽にエネルギーが摂れるので、朝食メニューにもぴったり。はちみつの甘味とアーモンドのコクが、ほどよいアクセントに。

【材料】約300mlカップ1杯分

- 冷凍アボカド…30g
- 大根…25g
- バナナ…20g
- 牛乳…100ml
- キューブアイス…25g
- はちみつ…10g

トッピング
- アーモンドスライス/はちみつ…各適量

【作り方】

1 野菜やフルーツを1cm角に切り揃え、硬いものから順に、材料をすべてカップに入れる。

2 「レギュラー3」のスイッチを押して攪拌し、はちみつをかけてアーモンドスライスを飾る。

焦がしキャラメル生ミルクソフトクリーム

| 使用機器 | 日世　ソフトサーバー「スリムギア」 | → 機器紹介は P.209 |

本体の幅を300mm以下にグンとスリム化させて、狭い厨房での設置を可能にしたソフトサーバー。ちょっとしたスペースに置ける為、個人経営の小さなカフェでも導入しやすい。テイクアウトだけでなく、ソフトクリームにコーティングソースで一工夫加えれば、手軽に作れておしゃれなスイーツメニューに。

【材料】1人分

・ソフトクリームミックス「生乳エクセレント5」
・コーティングソース 焦がしキャラメル

【作り方】

1 日世のソフトクリームミックス「生乳エクセレント5」を絞る。

2 冷たいものにかけると固まる「コーティングソース 焦がしキャラメル」でデコレーション。

【おすすめポイント】

カフェにもなじむ シックなデザイン

シルバーとブラックを基調にしたシックなデザインも今までにない試み。オープンキッチンのお店でも、これなら雰囲気を壊さずに置けそうです。

スリムなサイズで 狭い厨房にも置ける

幅はわずか298mm。卓上型なので、作業台の上などにも手軽に設置できます。壁にもぴったりつけられる構造だから、狭い厨房では助かりますね。

ズッキーニとオリーブの
スコーン&パプリカポタージュ

| 使用機器 | **PRINCESS®**「フードドライヤー」 → 機器紹介は P.210 |

自家製ドライズッキーニをたっぷり混ぜ込んだ、食事性の高いスコーン。赤パプリカの自然な甘みを活かしたポタージュで彩りを添え、野菜の存在感とヘルシーさをアピールした朝食に。

【材料】

ズッキーニとオリーブのスコーン（直径6cmの丸型 9〜10個分）
・ズッキーニ…1本（159g）
A ┌・薄力粉…200g
  ├・ベーキングパウダー…3g
  └・塩…3g
・食塩不使用バター…60g
・全卵（L玉）…1個
・牛乳…45ml
・ブラックオリーブ…30g
・牛乳（仕上げ用）…適量

パプリカポタージュ（でき上がり量168g）
・パプリカ（赤）…30g
・EXV.オリーブオイル…大さじ1/2
・玉ねぎ…73g
・ベーコン…28g
・アーモンドミルク…100ml
・塩/黒胡椒…各適量

【ズッキーニとオリーブのスコーン 作り方】

1 ズッキーニを長さ3〜4cm、幅7mmの棒状に切り、フードドライヤー（50℃・10時間設定）で乾燥させる。

2 1をさらに1cm長さに切る。

3 Aをボウルにふるい入れ、冷えたバターを1cm角に切って入れ、バターを手でつぶしながら粉とすり合わせる。

4 卵と牛乳を合わせたものを3に加えて混ぜ、2と刻んだブラックオリーブを加えて合わせる。

5 4をひとまとめにし、ラップに包んで冷蔵庫で30分以上ねかせる。

6 5を麺棒でのばして型で抜き、天板に並べ、表面にハケで牛乳を薄く塗り、170℃のオーブンで25分ほど焼成する。

7 器に6を盛り、ドライズッキーニ（分量外）を飾る。

【パプリカポタージュ 作り方】

1 パプリカは幅5〜6mmの棒状に切り、さらに長さを2〜3等分に切る。

2 1をフードドライヤー（50℃・4時間設定）にかけて乾燥させる。

3 フライパンにオリーブオイルを入れて火にかけ、薄切りにした玉ねぎ、2、短冊切りにしたベーコンを入れて炒める。

4 3とアーモンドミルクをブレンダーに入れて撹拌する。

5 4を鍋に移して加熱し、塩、黒胡椒で味を調える。

6 5をカップに注ぎ、ドライパプリカ（分量外）を飾る。

フルーツサンド&ブルーベリーとライスミルクのシリアルスムージー

使用機器 PRINCESS®「フードドライヤー」　→ 機器紹介は P.210

手作りのドライフルーツをトッピングした、かわいらしいフルーツサンドの朝食。ライスミルクで作るスムージーは、味を凝縮させたドライブルーベリーを使って、よりフルーティーに。

【材料】

フルーツサンド（1人分）
- 桐生酵母パン…1個
- ホイップクリーム…15g
- いちご…3スライス
- キウイフルーツ…2スライス
- メープルシロップ…適量

ブルーベリーのライスシリアルスムージー（1人分）
- ブルーベリー（生）…15g+5g
- ブルーベリー（冷凍）…50g
- リコッタチーズ…50g
- メープルシロップ…5g
- ライスミルク…100ml
- コーンフロスティ…6g+3g
- ミントの葉…適量

【フルーツサンド 作り方】

1. いちごとキウイフルーツは5mm厚程度にスライスし、フードドライヤー（50℃・4～6時間設定）で乾燥させる。

2. パンは十字に切り込みを入れてホイップクリームを絞り、1をトッピングする。

3. 2にメープルシロップをかける。

【ブルーベリーとライスミルクのシリアルスムージー 作り方】

1. 生のブルーベリーをフードドライヤー（50℃・10時間設定）で乾燥させる。

2. ブレンダーに1、冷凍ブルーベリー、リコッタチーズ、メープルシロップ、ライスミルク、コーンフロスティ（6g）を入れる。

3. シリアルが細かくなるまでブレンダーで撹拌する。

4. 3をグラスに注ぎ、ブルーベリー（5g）、コーンフロスティ（3g）、ミントの葉を飾る。

ハイブリッドスイーツ
「クロワッサンドーナッツ」

使用機器 日本ニーダー「業務用パンニーダー」 → 機器紹介は P.210

クロワッサンとドーナッツをドッキングさせた、ハイブリッドスイーツ。市販のパイシートを使えば、手間のかかるクロワッサン生地も簡単。コクのあるホワイトチョコカスタードクリームがマッチ。

【材料】直径7〜8cmのドーナッツ型 10〜12個分

A
- 強力粉…200g
- 上白糖…20g
- 塩…5g
- 牛乳…150ml
- コンデンスミルク…10g

- 食塩不使用バター…20g
- 冷凍パイシート…255g、
- 揚げ油/シナモンシュガー/アーモンドスライス/チョコペン/ホワイトチョコカスタードクリーム★1/アイシング★2…各 適量

★1 ホワイトチョコカスタードクリーム（でき上がり253g）
1. 鍋に牛乳(200ml)を入れて温める。
2. ボウルに卵黄(2個分)とグラニュー糖(36g)を入れてすり混ぜ、ふるった薄力粉(13g)を加えて混ぜる。
3. 2に1を注ぎながら混ぜ、漉しながら鍋に戻し入れて炊く。
4. 3を火からおろし、細かく砕いたホワイトチョコレート(26g)、食塩不使用バター(6g)、バニラビーンズペースト(4g)を加えて混ぜる。

★2 アイシング（作りやすい量）
ボウルに粉糖(60g)、水と牛乳(各大さじ1/2)を入れて混ぜる。

【作り方】

1. パンニーダーのステンレスポットに羽根を取り付け、Aを入れてふたを閉め、スタートボタンを押してこね始める。

2. 生地がある程度まとまったら、室温に戻しておいたバターを加え、ツヤが出てくるまでこねる。

3. 生地を取り出して丸め直し、ぬれふきんをかぶせて15分間休ませる。

4. 3を麺棒で30cm角にのばし、20cm角にのばしたパイシートをのせて包み込む。

5. 4を麺棒で細長くのばして三つ折りにするのを、2回くり返す。

6. 5を20cm角にのばし、ドーナッツ型で抜く。

7. 180℃に熱した油に6を入れ、表面がきつね色になるまで揚げる。

8. 熱いうちにシナモンシュガーをふりかけて冷ます。

9. 8の上にホワイトチョコカスタードクリームを絞り、もう1個のドーナッツをのせてサンドする。アイシングとチョコレートをかけ、アーモンドスライスを飾る。

ニューヨーク発「スライダー」

使用機器 日本ニーダー「業務用パンニーダー」「洗えてたためる発酵器PF102」 → 機器紹介は P.210

スライダーは「ミニバーガー」のこと。いまニューヨークではプチサイズが人気。小さなバーガーバンズを手作りして具材を挟み、ワンプレートに盛り合わせると、カフェらしい一品に。

【材料】12個分

バーガーバンズ
・牛乳…174ml
・ドライイースト…1.5g
A ┌・強力粉…350g
  ├・上白糖…15g
  ├・はちみつ…21g
  ├・全卵…58g
  └・塩…6g
・食塩不使用バター…25g
・白炒りごま…適量

具材(各1個分)
・スクランブルエッグ
　パイナップルマスタード…適量
　きゅうりスライス…3枚
　マヨネーズ…1g
　スクランブルエッグ…25g
　マヨネーズ…1g
　ベーコンソテー…10g
　マヨネーズ…1g
　ミニトマト…1個
・アジフライ
　パイナップルマスタード…適量
　フリルレタス…1/2枚
　マヨネーズ…1g
　玉ねぎのみじん切り…42g
　アジフライ…1/6枚

・ハンバーグ
　パイナップルマスタード…適量
　フリルレタス…1/2枚
　マヨネーズ…1g
　ミニハンバーグ…2個
　ミニトマト…1個
　スライスチーズ…1/4
　マヨネーズ…1g
・スライスチーズ…1/4枚
・マヨネーズ…1g
・パイナップルマスタード…適量
・ポテトチポテトチップス…適量

【作り方】

1. 牛乳を温め、ドライイーストを入れて混ぜておく。
2. パンニーダーのステンレスポットに羽根を取り付け、Aを入れてふたを閉め、スタートボタンを押してこね始める。
3. 生地がある程度まとまってきたら、室温にもどしておいたバターを加える。
4. さらにツヤが出るまで4〜5分ほどこねる。
5. ステンレスポットに生地が入ったまま発酵器に入れ、30℃で30分間発酵させる。
6. 5を53gに分割し、10分間休ませる。
7. 6を発酵器に入れ、40℃で25分間発酵させる。
8. 7の表面に霧を吹いて白ごまを飾り、180℃のオーブンで13分ほど焼成する。
9. 8を横半分に切り、各具材を材料順に挟んでピックを刺す。器に盛りつけて、ポテトチップスを添える。

お花畑ピッツァ

| 使用機器 | タイガー魔法瓶「電気式コンパクトピッツァ窯」 | → 機器紹介は P.211 |

ブロッコリーやトマト、パプリカなど、色鮮やかな野菜を美しくボリュームたっぷりにトッピングしたピッツァ。野菜を中心にしたヘルシーさと、お花畑のようなフォトジェニックな見た目が、女性客の目を惹きつける。焼き色がついた冷凍ピッツァ台を活用すれば、トッピングしてピッツァ窯で焼くだけで、素早い提供も可能に。

【材料】直径23cm ピッツァ生地1枚分

- ブロッコリー…1/2～1/3個
- なす…1～1.5本
- パプリカ(黄)…1/4個
- ミニトマト…5個
- 冷凍ピッツァ台(直径23cm)…1枚
- EXV.オリーブオイル…大さじ1～2
- シュレッドチーズ…20g
- 塩/黒胡椒…各適量

【作り方】

1. ブロッコリーは硬めに茹でて小房に分け、なすとパプリカは食べやすい大きさに切り、ミニトマトは横半分に切る。
2. ピッツァ台にハケでオリーブオイルを塗り、シュレッドチーズをのせる。
3. 1の野菜を彩りよくのせ、塩・黒胡椒を振ってオリーブオイルをまわしかける。
4. タイガー魔法瓶「電気式コンパクトピッツァ窯」を320℃にセットし、2分～2分30秒焼く。

パーティーピッツァ（プチフール風）

| 使用機器 | タイガー魔法瓶「電気式コンパクトピッツァ窯」 | → 機器紹介は P.211 |

ピッツァ生地でクリームチーズを包み、ピッツァ窯で焼いたアレンジメニュー。フルーツをトッピングし、パーティーに向く華やかな一品に仕上げた。もっちりした生地の中から濃厚なチーズとアクセントの和三盆シロップが溶け出し、口の中でおいしさを奏でる。

【クリームチーズ入りミニピッツァ 材料】直径5cm 7個分

- ナポリ風ピッツァミックス粉…125g
- A
  - ドライイースト…1.2g
  - ぬるま湯…66〜70ml
- EXV.オリーブオイル…適量
- クリームチーズ…3g×7
- 和三盆シロップ…適量

【クリームチーズ入りミニピッツァ 作り方】

1. ボウルにナポリ風ピッツァミックス粉を入れ、ミキサーを回しながらAを合わせたものを少しずつ加えてこねる。
2. 生地がまとまったらオリーブオイルを塗ったボウルに入れ、表面にもハケでオリーブオイルを塗り、発酵器で倍の大きさになるまで発酵させる(冷蔵庫で一晩かけて発酵させてもOK)。
3. 2を25gに分割して手のひらでつぶし、小角に切ったクリームチーズをのせて、和三盆シロップをかける。
4. 生地でクリームチーズを包み込み、継ぎ目を絞るように密着させ、裏返して丸める。
5. タイガー魔法瓶「電気式コンパクトピッツァ窯」を300℃にセットし、3分〜3分30秒焼く。

【パーティーピッツァ（プチフール風）材料】3個分

- クリームチーズ入りミニピッツァ…3個
- 豆乳ホイップクリーム…7g×3
- いちご…1個
- ブルーベリー…3個
- ラズベリー…2個
- ミントの葉・粉糖…各適量

【パーティーピッツァ（プチフール風）作り方】

1. 冷ましたクリームチーズ入りミニピッツァの上に、豆乳ホイップクリームを絞る。
2. 縦半分に切ったいちご、ブルーベリー、ラズベリーをトッピングし、ミントの葉を飾って粉糖を振る。

クリーミー煮込みパスタ

| 使用機器 | VERMICULAR「オーブンポットラウンド」 | → 商材紹介は P.211 |

女性に好まれるクリーム系の煮込みパスタ。3種類のきのこの旨味がじんわりと広がり、ヘルシーでいてボリュームもたっぷり。パーティーメニューとして鍋ごと提供するのもおすすめ。

【材料】5～6人分

- しめじ… 100g
- 舞茸 …200g
- エリンギ …4～5本
- カリフラワー …200g
- 生姜… 10g
- にんにく… 1片
- EXV.オリーブオイル… 大さじ2
- 豚挽き肉… 200g

A
- アーモンドミルク… 300ml
- 水… 300ml
- 35％生クリーム… 100ml

- 冷凍ペンネ …350g
- 塩 …7g
- ローズマリー …2枝
- 塩/黒胡椒… 各適量
- トッピング用ローズマリー
- お好みのパン

【作り方】

1. しめじと舞茸は小房に分け、エリンギは横2～3等分に切ったあと拍子切りにする。カリフラワーはざく切りにし、生姜とにんにくはみじん切りにする。
2. バーミキュラ「オーブンポットラウンド」にオリーブオイルと生姜、にんにくを入れて火をつける。
3. 香りが出たら豚挽き肉を炒め、肉の色が変わったらきのことカリフラワーも入れて炒める。
4. きのこがしんなりしたらAを注ぐ。
5. 冷凍ペンネ、塩、ローズマリーも入れ、フタをして10～12分煮込む。
6. 塩、黒胡椒で味を調え、ローズマリーをトッピングし、パンを添えて提供する。

2

3

4

5

カラフルピーマンマリネの
パスタサラダパフェ

| 使用機器 | エス・シー・テクノ「マルチシェフ フードプロセッサー」 | → 商材紹介は P.212 |

3色ピーマンや人参のマリネとショートパスタをパフェグラスに盛りつけた、彩りよく見た目にも楽しい一品。野菜はフードプロセッサーでごく薄くスライスすれば口当たりがよく、ピーマンの香りも活かせる。

【カラフルピーマンマリネ 材料】でき上がり量 約410g

- パプリカ(赤・黄)…各80g
- ピーマン…80g
- 玉ねぎ…130g
- 人参…100g
- EXV.オリーブオイル…12g
- 塩/黒胡椒…各適量
- 文旦ドレッシング…45g

【カラフルピーマンマリネ 作り方】

1. 「マルチシェフ フードプロセッサー」に1mmスライサーをセットし、赤・黄パプリカとピーマンを薄い輪切りにする。
2. 続いて「マルチシェフ フードプロセッサー」に4mmデュアルシュレッダーをセットし、人参をせん切りにする。
3. 玉ねぎは幅3mmのくし切りにする。
4. ボウルに1、2、3を入れ、オリーブオイルを加えてなじませ、クッキングシートを敷いた天板に敷き詰める。
5. 240℃のオーブン、またはオーブントースターで5分ほど焼く。
6. 粗熱をとってボウルに移し、文旦ドレッシングを混ぜ、塩・胡椒で味を調えて、冷蔵庫でやすませる。

【パスタサラダパフェ 材料】1人分

- サニーレタス…2枚
- フィジリ…90g
- カラフルピーマンマリネ…130g
- 黒オリーブ(輪切り)…3枚
- ベビーリーフ…2g
- チャービル…適量
- ガーリックトースト(約20cm長さ)…1カット

【パスタサラダパフェ 作り方】

1. パフェグラスに、サニーレタス(1枚分)を食べやすい大きさにちぎって入れ、茹でて流水にさらしたフィジリ(40g)、カラフルピーマンマリネ(60g)を順に入れる。
2. 1の上から、再びちぎったサニーレタス(1枚分)、フィジリ(50g)、カラフルピーマンマリネ(70g)を順に盛りつける。
3. 黒オリーブ、ベビーリーフ、チャービルを飾り、ガーリックトーストを添える。

にんじんのレアチーズケーキ

| 使用機器 | エス・シー・テクノ「マルチシェフ ブレンダー」 | → 機器紹介は P.212 |

乳製品とにんじんをブレンダーにかけて作るレアチーズケーキ。ヨーグルトの酸味でさっぱりと食べられ、にんじんの色合いも美しくヘルシー感のあるスイーツに仕上げた。

【材料】直径15cm セルクル1台分

にんじんのレアチーズ
- にんじん…250g
- 35％生クリーム…80ml
- 板ゼラチン…7g
- クリームチーズ…83g
- グラニュー糖…62g
- レモン汁…2g
- 無糖ヨーグルト…160g
- スポンジケーキ★1…2/3台分
- ミニキャロットグラッセ★2… 3本

★1 スポンジケーキ（直径15cm 丸型1台分）
1. ボウルに全卵(L玉)2個と上白糖(60g)を入れて湯煎にかけ、砂糖が溶けたら湯煎から外し、文字が書けるくらいまで一気に泡立てる。
2. ふるった薄力粉(60g)を1に入れ切るように混ぜ、さらに温めた牛乳(20g)に食塩不使用バター(10g)を混ぜて溶かしたものを入れ、さっくりと混ぜる。
3. 型に流して180℃のオーブンで15分ほど焼成する。

★2 ミニキャロットグラッセ
1. 鍋に皮をむいたミニキャロット（3本）、少量の水、グラニュー糖（適量）を入れて水分がなくなるまで煮て、冷ましてチャービルを刺す。

【作り方】

1. にんじんを皮付きのまま1cm厚の輪切りにして10分ほど茹でる。
2. ボウルに生クリーム(30ml)と板ゼラチンを入れ、湯煎にかけて溶かしておく。
3. 別のボウルに、室温に戻したクリームチーズとグラニュー糖を入れてすり混ぜ、レモン汁、ヨーグルト、残りの生クリームを順に加えて混ぜる。
4. 1と3を「マルチシェフ ブレンダー」にかけてなめらかに撹拌する。
5. 4をボウルに戻し、2を混ぜて漉し、氷水に当てながら混ぜてとろみをつける。
6. スポンジケーキを横3等分にスライスし、1枚をセルクルに敷いて、5を250ml流す。これをもう一度くり返す。
7. 冷蔵庫に入れて冷やし固め、6等分にカットしてトッピングを飾る。

緑茶ゼリーと白玉のワッフルロールケーキ

| 使用機器 | サンテックコーポレーション「ワッフルベーカー」 | → 商材紹介は P.213 |

ワッフルを和風ロールケーキにアレンジ。クリームやゼリー、白玉など、様々なフィリングの食感が楽しい。生地に抹茶などを加えて味や色を添えれば、バリエーションはさらに広がる。

【ワッフル生地 材料】約20枚分 ST-2（丸形の場合）

- サンテックコーポレーション ソフトワッフルミックス粉…1kg
- 卵（M玉）…12個
- サンテックコーポレーション SP剤（気泡剤）…20g
- 牛乳…400ml
- 食塩不使用バター…150g
- ※「抹茶ワッフル」は抹茶パウダー…30g

【ワッフル生地の仕込みと焼成】

1. ボウルに卵を割りほぐし、牛乳とSP剤を加えてよく混ぜる。
2. 1にソフトワッフルミックス粉を加え、泡立て器でダマにならないように混ぜる。
3. バターを湯煎で溶かし、2に加えてよく混ぜ、冷蔵庫で30分休ませる。
   ※抹茶ワッフルの場合は、溶かしバターの後にふるった抹茶パウダーを混ぜる。
4. 温めておいたワッフルベーカーに3の生地を流し、フタをして2分焼成する。
   ※ SB-20（角型の場合）は同量の材料では約16枚分。焼成時間は2分30秒。

【緑茶ゼリーと白玉のワッフルロールケーキ 材料】1人分

- 角型ワッフル（または抹茶ワッフル）…1枚
- 緑茶ホイップクリーム★1…70g
- 白玉…4個
- 緑茶ゼリー★2…2本
- かのこ豆…15g
- 粉糖または抹茶パウダー…適量

★1 緑茶ホイップクリーム
35%生クリーム（100ml）とグラニュー糖（13g）を7分立てにし、抹茶パウダー（2g）と煎茶（3g）を少々の水で溶いたものを合わせる。

★2 緑茶ゼリー（15cm×15cmの流し型）
1. 鍋に水（400ml）を入れて沸騰させ、粉寒天（3.5g）、上白糖（50g）、煎茶（3g）の順に加えて混ぜ、火を止める。
2. 1を漉しながら型に流し、冷蔵庫に1時間ほど入れて固め、1cm角の棒状にカットする。

【緑茶ゼリーと白玉のワッフルロールケーキ 作り方】

1. ラップの上にワッフルを置き、緑茶ホイップクリームをのせて隅々までのばす。
2. 1の上に白玉と緑茶ゼリー、かのこ豆を並べ、手前から巻く。
3. 全体をラップで包んで冷蔵庫で30分ほどやすませ、2等分に切る。抹茶ワッフルも同じ要領で作る。

ハムロールチーズサンド

| 使用機器 | サンテックコーポレーション「ビッグホットサンドメーカー」 | → 商材紹介は P.213 |

野菜をくるくる巻いたハムロールを具材にし、断面に変化を出したホットサンド。見た目に楽しく、野菜がたっぷりでヘルシー感もある一品。

【材料】1人分

- ロースハム（薄切り）…3枚
- サニーレタス…1～2枚
- 赤パプリカ（幅5mm細切り）…2本
- 黄パプリカ（幅5mm細切り）…1本
- スライスチーズ（モッツァレラ）…1枚
- スライスチーズ（チェダー）…1枚
- EXV.オリーブオイル…少々
- 塩…少々
- 食パン（6枚切り）…2枚

付け合わせ
サニーレタス/ミニトマト/パセリ

【作り方】

1. ロースハムを広げて、ちぎったサニーレタスとパプリカを順にのせる。
2. 1を手前からくるくると巻く。
3. 食パンの片面にそれぞれ刷毛で薄くオリーブオイルを塗る。
4. 3の1枚にサニーレタスとスライスチーズ（チェダー）を敷き、2をのせる。
5. 4の上からスライスチーズ（モッツァレラ）、サニーレタスを順にのせ、予熱したビッグホットサンドメーカーにセットする。
6. もう1枚の食パンをかぶせ、フタをして焼き色がつくまで2分ほど焼く。
7. 具材のハムロールに対し直角に包丁を入れて、半分に切る。

PRINCESS

濃厚ふわふわフォームドミルク

ミルクフローサーに入れて、スイッチを押すだけ。
誰もが簡単に滑らかこってりなフォームドミルクを作ることができます。
ソイミルクでも、アーモンドミルクでもキレイなミルクの泡は変わりません。
難しい設定もなく、お手入れも簡単な、"PRINCESS Milk Frother Pro"

Milk Frother Pro
243002

ミルクフローサープロ
最大容量：250ml
仕上がり温度：65〜75℃

http://www.princess-jp.com

オランダPRINCESS 日本総販売代理店　CORED 株式会社
〒103-0007 東京都中央区日本橋浜町 2-23-5 JP 浜町ビル 7F　TEL：03-5643-9277

機器編

NEWレシピ

部品の洗浄を簡単にした
フレーバー氷専用マシン

Hatsuyuki マルチスライサー HD70AA
中部コーポレーション

簡単操作で洗浄も楽々 バリエーションも広がる

業務用かき氷機の有名ブランド「初雪」から、フレーバー氷と冷凍フルーツ専用のスライサーが登場。最大の特徴は、食材に触れる部分をすべて取り外して洗浄できる点。フレーバー氷を提供する上で重要な衛生面とスムーズなオペレーションに着目し、容易に洗浄できるマシンに進化させた。

マイナス15℃〜10℃に凍らせたいちごやパイナップル、マンゴーなどのフレーバー氷やミルク氷も、スイッチ一つで誰でも簡単に削ることができる。2種類の冷凍フルーツ、または冷凍フルーツとミルク氷などを組み合わせて一度に削ることも可能だ。トッピングの工夫で華やかなパフェ風スイーツにもなり、1台あればかき氷メニューの幅がどんどん広がる。

中部コーポレーション／Hatsuyuki
マルチスライサー HD70AA／
外形寸法：幅340×奥行き451×
高さ841mm／電源／単：100V
50/60HZ
Email：food@chubu-net.co.jp
https://www.chubu-net.co.jp/food

マンゴー&ココナッツ

【材料】(1人分)

- オレンジゼリー…46g
- ココナッツアイスクリーム…#18ディッシャー1個
- フレーバー氷(マンゴー)…1個(140ml)
- マンゴー…5カット
- ココナッツロング…3つまみ
- マンゴーソース…4g
- コンデンスミルク…3g
- ミントの葉…適量

【作り方】

1. グラスにオレンジゼリー、ココナッツアイスクリームの順に入れる。
2. 「Hatsuyukiマルチスライサー」にフレーバー氷(マンゴー)をセットし、1の上に削る。
3. カットしたマンゴーをのせてココナッツロングをふり、マンゴーソースとコンデンスミルクをかけてミントの葉を飾る。

いちごミルク

【材料】(1人分)

- ベリーゼリー…120g
- バニラアイスクリーム…#18ディッシャー1個
- 冷凍いちご…213g
- フレーバー氷(バニラ)…1個(140ml)
- ホイップクリーム(6分立て)…30g
- ドライラズベリー…適量
- ミントの葉…適量

【作り方】

1. グラスにベリーゼリー、バニラアイスクリームの順に入れる。
2. 「Hatsuyukiマルチスライサー」に冷凍いちごとフレーバー氷(バニラ)をセットし、1の上に削る。
3. ホイップクリームをかけ、ドライラズベリーとミントの葉を飾る。

2

白玉ミルク抹茶

【材料】(1人分)

- 粒あん…46g
- 抹茶アイスクリーム…#18ディッシャー1個
- フレーバー氷(バニラ)…1個(140ml)
- 白玉…5個
- 抹茶パウダー…適量
- 抹茶シロップ…60ml

【作り方】

1. グラスに粒あん、抹茶アイスクリームの順に入れる。
2. 「Hatsuyukiマルチスライサー」にフレーバー氷(バニラ)をセットし、1の上に削る。
3. グラスの周囲に沿って白玉をのせ、中央に抹茶パウダーをふり、抹茶シロップを別添えにする。

コンパクトかつ大容量！
気軽に使えるパンニーダー

業務用パンニーダー PK2025plus
日本ニーダー

特許取得のこね羽根できめ細かな生地づくり！

パンやベーグルなどの生地作りに役立つ「パンニーダー」。卓上サイズでコンパクト、かつ、電源も家庭用100Vで場所を選ばず使える。しかも、コンパクトながら粉が最大2.5kg入れられるため、一度で大容量の生地を生成できる。

使用方法も簡単で、ポット内にこね羽根を設置し、材料を入れてスイッチを押すだけ。こねるスピードは5段階に切り替えられる。ポット内側はWPC処理を採用し生地離れも良い。さらに、特許取得のこね羽根が手ごねのようなきめ細かい生地へと練り上げる。

「動作音が静かで、営業中にも使えます。機械にお任せして他の作業ができるから効率アップにつながります」と富田先生。一週間の無料貸し出しサービスも用意する。

日本ニーダー／業務用パンニーダー PK2025plus／価格156,000円（税抜）
TEL 0120-481-484
https://kneader.jp／

あんキューブ・カレーキューブ

コロンとした形状がかわいいキューブ型のパン。具材をかえて、種類を多彩に揃えてもよい。上に飾るトッピングのひと工夫でSNS映えするカフェメニューに。またテイクアウト商品としてもおすすめ。

【材料】(6×6cm キューブ型/6個分)

☆パン生地…1個57gを6個

・ショートニング…適量

[あんキューブ]
・粒あん…各40g×3
・黒ゴマ…適量
A ・バター…7g
　・レモンゼスト…0.3g

[カレーキューブ]
・カレーフィリング…各30g×3
・福神漬け…6g/個~
・らっきょう…各1個

【作り方】

1. キューブ状の型とふたにショートニングを塗る。

2. パン生地はとじた目を上にして、ガス抜きする。

3. 中央は厚めにし、フチは薄くなるように手で丸くのばしたら、パン生地は、3つは粒あん、残り3つはカレーフィリングをそれぞれ中央に置く。四方から生地を寄せて、とじ目をしっかりとじ、とじた目を下にして丸め、1の型に入れる。発酵器に入れ40℃で約40分2次発酵させる。

4. 発酵器から取り出したら、あんキューブには黒ゴマをふる。それぞれ型のふたをして200℃のオーブンで20~25分焼成する。型から取り出し冷めたら、あんキューブのうちの1個にAを、カレーキューブの1個はらっきょう、残りは福神漬けをトッピングする。

☆パン生地の作り方

パン生地の材料
・強力粉…940g
・上白糖…90g
・塩…10g
・ドライイースト…10g
・水…635~640ml
・バター(食塩不使用)…90g

1
「パンニーダー」にバター以外の材料を入れる。スピード3・25分に設定し、スタート。残り10分ほどでバターを加え、スピード4にする。さらに残り5分で、スピード5にする。捏ね上げ表示温度は28℃~30℃が目標。

2
発酵器にいれて1次発酵を30分させたら、ガス抜き・ベンチタイムをし、生地を1個あたり57gに分割して丸め、10分休ませる。

分解・組立が簡単でマルチに活躍。小規模店でも採用しやすい発酵器

業務用洗えてためる発酵器 PF203
日本ニーダー

工具不要で洗えてためる、余熱時間も早い

「洗えてためる発酵器」という名の通り、工具なしで分解・組立が簡単にできるのが特徴。使用しない時は分解して収納できるので、小規模店でも強い味方に。分解して天板、側板を水洗いできるので、衛生面にも配慮可能。電源は家庭用100Vで、導入もしやすい。

温度・時間の設定はボタン操作で簡単。ハイパワーなヒーター搭載で、予熱時間も早い。

「生地をこねている間に温度がすぐ上がるので無駄な時間がありません」と富田先生。タイマーは48時間まで設定でき、天然酵母や麹などの長時間発酵にも対応する。庫内サイズは幅40cm×奥行47.5cm×高さ60cm。棚板を調節すれば様々な用途で使用できる。1週間の無料貸し出しサービスも実施。

日本ニーダー／業務用洗えてためる発酵器 PF203／価格198,000円（税抜）
TEL 0120-481-484
https://kneader.jp/

BLT風キューブサンド

パンと具材の積み重ねで高さを出し、見た目も華やかな一品に。キューブ型のパンだと、例えば、食パンのように耳をカットしなくてもよく、ロスの軽減やオペレーション面の負担を軽減することができる。

【材料】(6×6cmキューブ型/6個分)

☆パン生地…1個57gを6個
作り方はP259「あんキューブ・カレーキューブ」を参照。
上白糖、バター(食塩不使用)は75gの分量で作る。

・ショートニング…適量

[具材(2個分)]
・ベーコン…1枚(14g)
・ミニトマト…2個
・グリーンリーフ…4枚(1枚あたり4g)
・鶏ささみ肉…1本(20g)
・塩…適量
・胡椒…適量
・厚焼き玉子…50gを2個
・マヨネーズ…4g(1個あたり)
・バター(食塩不使用)…8g

【作り方】

1. キューブ状の型とふたにショートニングを塗る。
2. パン生地を1の型に入れる。発酵器に入れ、40℃で約30分2次発酵させる。
3. 発酵器から取り出したら、型のふたをして200℃のオーブンで20〜25分焼成する。型から取り出して冷ます。
4. できあがったパンを横3等分にカットする。断面の上を向いてる方にバターを塗る。
5. 3等分したうちの一番下のパンの上に、グリーンリーフ1枚、横3等分にカットしたミニトマト1個分、ベーコン(4等分したうちの2カット分)、3等分にしたうちの中央部分のパン、グリーンリーフ1枚、塩・胡椒をしてソテーした鶏ささみ肉(4等分したうちの2カット分)、厚焼き玉子をのせる。マヨネーズをしぼり、3等分したうちの一番上のパンの順にのせる。同様にもう1つ作る。

COLUMN 02

メニュー基準表をつくりましょう

さて、あなたはオリジナルレシピをいくつ持っているでしょう？
十分ある人なら、メニューはそこから選べばいいので簡単です。持っていない方は、今日からレシピづくりをスタートしましょう。

- メニュー基準表用には、どんな料理なのか、すぐにわかるようなタイトルをつけておくと、後で見直す時に便利です。
- イラストを書いたり、写真を貼るなどなど、一目でわかるように工夫しましょう。
- メニュー制作時にわからない場合は、仕入れ業者になどを決めたらすぐに書き入れておきましょう。
- いつ、誰が作っても同じ味が再現できるよう、具体的な分量を記録しておきましょう。単価や金額については、仕入れ業者が決まってから記入してもよいでしょう。
- 誰がやっても同じようになるようにお皿や盛り付け時のポイントなども、細かく記録しておきましょう。
- 裏面に作り方を記入しましょう。実際はお店のスタッフが作る場合などもあるので、誰にでもわかるように、詳しく書きましょう。

シーズニングで広がる！味のバリエーション

プロの現場で大活躍！

シーズニングを使うメリット

1 時短・簡便
「かける」から、「まぜる」「焼く」「煮る」などのシンプルオペレーション

2 経済的
使用シーンに合わせて使用量を調整。開封後も常温保存。

3 多様性
メインからサイドまで。メニューバリエーションに貢献

 香草焼きシーズニング（鶏肉用）
 香草焼きシーズニング（魚用）
 タンドリーチキンシーズニング
 ケイジャンシーズニング

 アボカドサラダシーズニング
 チョレギサラダシーズニング
ハワイアン・ロミロミサラダ（海鮮サラダ）シーズニング
パクチーテイストシーズニング

HIGH QUALITY S&B SELECT セレクトスパイス

 トマト煮込みシーズニング
 ジャーマンポテトシーズニング
ペペロンチーノシーズニング
 バジリコシーズニング

 パエリアシーズニング
マジックソルト
 燻製塩こしょう
 黒トリュフ塩

首都圏広域食材ユニット	〒174-8651	東京都板橋区宮本町38-8	TEL 03-3558-9028
東日本食材ユニット	〒980-0811	宮城県仙台市青葉区一番町2-10-17 仙台一番町ビル 9F	TEL 022-726-6650
中日本食材ユニット	〒465-0024	愛知県名古屋市名東区本郷2-180	TEL 052-760-1608
西日本食材ユニット	〒531-0076	大阪府大阪市北区大淀中1-12-9 サンバードビル21 5F	TEL 06-6451-0117

エスビー食品株式会社

FRESH PASTA

冷蔵 生パスタシリーズ

ニューオークボ独自の「無加熱製法」で製造した、モチモチ食感の生パスタ。麺にデュラム小麦本来の旨みがあります。

生スパゲティ No.1

お求めやすい価格でランチにも最適。
どんなソースにもよく合う、本格生パスタです。

太　さ	2.0mm（円形状）
荷　姿	150g/140g/130g× 各 45 食
ゆで時間	3 分
原材料	デュラム小麦のセモリナ・食塩・乾燥卵白粉

生フェットチーネ

生クリーム系のソースに良く合い
生パスタならではの食感が楽しめます。

太　さ	8.0mm（平麺状）
荷　姿	130g×15 食
ゆで時間	3 分
原材料	デュラム小麦のセモリナ・食塩 ※卵白不使用

生フェットチーネ（ほうれん草入り）

国産ほうれん草使用。ゆで上げの緑色は
彩りも最高。野菜の甘みがほんのり香ります。

太　さ	8.0mm（平麺状）
荷　姿	130g×15 食
ゆで時間	3 分
原材料	デュラム小麦のセモリナ・ほうれん草ピューレ・食塩 ※卵白不使用

生スパゲティ（ノンテフロン）

デュラム小麦の風味・食感が楽しめる太麺。
麺の表面がザラザラしソースの絡みが抜群!!

太　さ	2.5mm（太麺）
荷　姿	150g/130g× 各 45 食
ゆで時間	4 分
原材料	デュラム小麦のセモリナ・食塩 ※卵白不使用

生リングイーネ

どんなソースにも良く絡んで本格パスタが
味わえます。企業給食等に人気があります。

太　さ	3.0mm（楕円形状）
荷　姿	150g/130g× 各 15 食
ゆで時間	3 分
原材料	デュラム小麦のセモリナ・食塩・乾燥卵白粉

生ペンネマカロニ

定番のアラビアータからグラタン、サラダ、
スープ等にぴったり。モチモチ感が魅力です。

太　さ	8.0mm〜9.0mm
荷　姿	100g×15 食
ゆで時間	3 分
原材料	デュラム小麦のセモリナ・食塩・乾燥卵白粉

要冷蔵 10℃で冷蔵保存　**賞味期限 10日（お届け8日前後）**　**小袋入り個包装（1食ずつ）**

※必ず冷蔵庫で保存ください。(10℃)　※冷蔵商品の賞味期限は製造より10日（お届けして8日前後）
※温度変化が激しいと結露した水滴がつき、表面が白くなったり麺がくっついてしまうことがあります。
※麺の斑点状（黒・茶）のものは小麦の表皮ですので問題はありません。

お問合せはこちらからお願いいたします

TEL：04-7192-5200　FAX：04-7192-5201

株式会社ニューオークボ　〒277-0941 千葉県柏市高柳 859 番地 5　http://nama-pasta.com

Blue Herb （ブルーハーブ）　無着色　# Red Herb （レッドハーブ）

タイ美人が愛用し東南アジアに広がった　**蝶豆花**（バタフライピー）

クレオパトラが愛飲し欧米に広がった　**ハイビスカス**

美と健康＆アンチエイジングが期待できる　アントシアニンの自然なカラー

ブルーハーブ＆ハニーレモンゼリー

ブルーレモンショコラ

ブルーハーブアイスゼリー

ハイビスカスソフト

ハイビスカスブラウニー

ハイビスカスゼリーと杏仁豆腐

猛暑対策の救世主！
花葉とのスイーツ素材
flower / *herb*

花びら舎

バタフライピー（蝶豆花）

- **NEW** バタフライピーシロップ 1kg（お徳用タイプ）
- ブルーハーブエキスシロップ （バタフライピー＋レモングラス（国産）＋ライチ果汁） 500g
- ブルーハーブミックス （バタフライピー＋レモングラス） 20g
- バタフライピーパウダー 30g
- バタフライピーホール 50g

ハイビスカス （エジプト産＋沖縄産）

- ハイビスカスエキスシロップ 500g
- ハイビスカスペースト 500g
- ハイビスカスダイスカットゼリー 500g
- ハイビスカスソース 300g
- レッドハーブミックス （ハイビスカス＆パイン） 30g

チョコミントレアチーズタルト

NEW *Mint*

摘みたてのミントの葉をペースト加工

フレッシュ 生ミント・プラス 500g

クチナシ色素で天然の色味

- 香料不使用！
- これひとつで香り・味＋色がつけられる
- 自然でやさしいミントの風味！
- 上品で美味しいプレミアムなミントスイーツに

チョコミントムース

ミントゼリー＆パンナコッタ

生産者の顔の見える 安心・安全
 Love Tosan Herb

環境に優しい、水耕栽培・高設ベッドなど最新の農業技術を導入し、管理の行き届いたハウスでミント・レモングラス等20種類以上のハーブが栽培されています。

（ハーブ生産者）
東三温室農協
（愛知県東三河地方）
私たちがつくっています!!

愛知県産を中心とした特色ある地産農産物のスイーツ素材

 愛知 いちじくピューレ

 愛知 青しそ（大葉）ピューレ

 愛知 次郎柿ピューレ

愛知 温州みかんペーストミンチ・ソース（蒲郡産）

岐阜 バラ加工品各種

三重 もみじ加工品各種

 マイヤーレモンペースト

 長野 和梨すりおろしピューレ（南水）

 長野 信州産かぼちゃペースト

桜から始まる四季折々のハーブ花や葉と地産果実のスイーツ素材
山眞産業株式会社 ● 花びら舎
since 1955
桜製品以外のラインナップ・レシピもこちら　桜の食品　[検索]

〒451-0062
本社　名古屋市西区花の木二丁目22番1号
TEL（052）521-0500　FAX（052）531-5230
URL：https://www.yamashin-sangyo.co.jp

夏製品の他のラインナップ・レシピはこちら！

あ！これは便利！
マッシュルームパウダー

和風、洋風、
どんな料理も、
なんでも美味しく。
それは…
マッシュルームが
万能調味料だから。

近日発売予定

マッシュルーム専門商社
お問合せ先： 株式会社ワキュウトレーディング　http://www.waq.jp

調理例：白身魚のソテー

化学調味料 不使用

つぶプチッ

添えるだけ！かけるだけ！
いつものメニューに新しい美味しさ加えるマスタード

プチプチ ハニーマスタード
マイルドなコク　手軽にディップ＆ソース
HONEY MUSTARD

プチプチとした食感が楽しめる
粒マスタードに、はちみつのマイルドな
コクを加えたオリジナルマスタード

280g / 110g

つぶプチッ

マスタードピクルス
さわやかな酸味　手軽にディップ＆ソース
MUSTARD PICKLES

マスタードシードと玉ねぎの食感が楽しめる
粒マスタードに、ハーブの風味を加えたさわやかな
酸味のマイルドなオリジナルマスタード

260g / 100g

つぶプチッ

手軽に使えるチューブ入
そのままサンドイッチやソーセージ、ソテーや揚げ物に、マヨネーズとあわせてタルタルソース風に

ヤスマ株式会社　　〒141-8559　東京都品川区西五反田5-23-2
　　　　　　　　　　TEL. 03-3490-5256
　　　　　　　　　　https://www.mascot.jp

AIR
SENSE
DESIGN BY BERNADOTTE & KYLBERG

見るだけでは勿体ない

The Swedish design duo Bernadotte & Kylberg

ZWIESEL KRISTALLGLAS

www.zwiesel-kristallglas.jp
www.zwiesel-shop.com
www.facebook.com/ZwieselJapan

仕事モードをオンしたり、オフしたり、自分らしい時間を演出したり。
完璧な一杯のコーヒーで、あなたの毎日はさらに完璧になるはず。
デロンギのコーヒーメーカーが叶えるのは、コーヒーの隣りにある、パーフェクトな時間や気分やライフスタイル。
しかも、ボタンひとつで。さあ、見つけよう。

FIND YOUR PERFECT.

デロンギ・ジャパン株式会社　フリーダイヤル 0120-804-280　http://barista.delonghi.co.jp/

デロンギ 全自動　検索

カフェ手帳

カフェオーナー必携！
開業＆経営のお悩み解決ハンドブック

カフェの開業と経営に
まつわるお悩みに、
カフェズ・キッチンの
富田学園長が答えます！

🏠 **本書の主な内容**

はじめに
メニューのこと
食材の仕入れ・管理のこと
集客・販促のこと
衛生管理・掃除のこと
店舗のこと
接客・サービスのこと
お金のこと
スタッフのこと
その他のこと
あとがき

富田佐奈栄　著
定価：本体1,200円＋税
B6変形版

お申込みは、
お近くの書店または旭屋出版へ

旭屋出版　販売部(直通)TEL03-5369-6423
http://asahiya-jp.com
東京都新宿区愛住町23番地2　ベルックス新宿ビルⅡ6階

<small>とみた・さなえ</small>
富田佐奈栄

テレビ番組をはじめとする各メディア出演や、食品メーカー等に商品企画やメニュー提案なども行い、そして、数々の本を出版するなど、カフェのスペシャリストとして活躍中。さらに、講演依頼を受け、カフェビジネスの発展に全力を注ぐ。

型にとらわれないオリジナリティ溢れる発想で某大手洋菓子メーカーのヒット商品である『チーズケーキパフェ』等を開発した後、カフェ開業スクールとしてのパイオニアとなる「カフェズ・キッチン」を設立し、多くの卒業生を輩出。(卒業生の開業者数は、2019年6月現在、330店舗を超える)日本カフェプランナー協会も設立し、実践的資格の普及と育成、さらにカフェビジネスのクオリティー強化に努める。

カフェをはじめる人のビジネススクール「カフェズ・キッチン」は、設立22年となり、さらなる確かな実績を築き上げています。

佐奈栄学園 カフェズ・キッチン
TEL:03-5722-0378
http://www.sanaegakuen.co.jp

日本カフェプランナー協会
TEL:03-5722-0141
http://www.cafeplanner.net

STAFF

デザイン
株式会社 スタジオアーク
栗坂洋子

撮影
後藤弘行　曽我浩一郎(旭屋出版)
田中慶　千葉英里

取材・執筆
三上恵子　渡部和泉　高橋晴美　田中恵子　安武晶子

カフェ材料図鑑

発行日　2019年7月20日　初版発行

著　者　富田佐奈栄(とみた・さなえ)
発行者　早嶋 茂
制作者　永瀬正人
発行所　株式会社 旭屋出版
　　　　〒160-0005
　　　　東京都新宿区愛住町23番地2
　　　　ベルックス新宿ビルⅡ6階
　　　　TEL:03-5369-6423(販売部)
　　　　TEL:03-5369-6424(編集部)
　　　　http://www.asahiya-jp.com

郵便振替　00150-1-19572
印刷・製本　株式会社シナノパブリッシングプレス

※落丁本・乱丁本はお取り替えいたします。
※無断複製・無断転載を禁じます。
※定価はカバーに表示してあります。

ⒸSanae Tomita／Asahiya publishing Co.,LTD.2019 Printed in Japan
ISBN 978-4-7511-1387-5 C2077